分答

1分钟让你的知识变现

秋叶　林公子◎著

))) 　　　1元偷偷听　　　60"

北京联合出版公司
Beijing United Publishing Co.,Ltd.

图书在版编目（CIP）数据

分答：1分钟让你的知识变现 / 秋叶，林公子著.
— 北京：北京联合出版公司，2017.4
  ISBN 978-7-5502-9954-2

  Ⅰ．①分… Ⅱ．①秋… ②林… Ⅲ．①企业管理
Ⅳ．①F272

  中国版本图书馆CIP数据核字（2017）第043147号

分答：1分钟让你的知识变现

作　　者：秋　叶　林公子
产品经理：周亚菲
责任编辑：李　伟
特约编辑：刘青丽
封面设计：蔡小波
版式设计：佳睿天成

北京联合出版公司出版
（北京市西城区德外大街83号楼9层　100088）
北京慧美印刷有限公司印刷　新华书店经销
字数210千字　700毫米×980毫米　1/16　17.5印张
2017年4月第1版　2017年4月第1次印刷
ISBN 978-7-5502-9954-2
定价：42.00元

我们要做以人为核心的知识交易。

——姬十三

前言

分答会成为知识网红的标配吗

本文主题：知识工作者需要哪些武器？

知识经济 | 内容创业 | 知识工作者 | 分答

作者：秋叶PPT创始人 知识型IP训练营创始人秋叶

知识经济市场上，游戏规则向拥有知识的人转移
▼

我一直是分答坚定的支持者，最近分答拿到腾讯A+轮的融资，也说明了互联网巨头对分答前景的信心。

分答是知识经济下冒出来的应用，有自己的游戏规则。

知识经济和产品经济在运营逻辑上是根本不同的。

销售产品的互联网平台，不管是天猫还是京东，运营逻辑都是给你足够多的选择，然后总有一款适合你。结果就是商家死磕广告，平台大卖流量，很多商家忙一年下来，发现都是在替平台打工。

当产品不再稀缺，富裕起来的人就会选择优质的服务。而优质服务的提供者，不管是医生还是律师，是心理咨询师还是课程教练，他们统统有一个特点，就是短期内很难通过机器进行规模化的复制。

在知识经济市场上，游戏规则向拥有知识的人转移。内容产生者自然要拥有一部分定价权。

好的知识经济内容平台，其实只需要做一件事，就是把领域内最好的知识工作者都请到自己的平台上，提供最好的服务。

拥有专业知识的人，很快就会发现，不是内容创业时代来临，而是消费升级了，越来越多的人需要知识服务。好的知识服务总是稀缺的，那么为好的知识服务付费，让自己拥有优先服务权，就成为新的消费习惯。

对看到并抓住这一趋势的个人，赢是大概率的事件。

请教牛人，让他们为自己答疑解惑
▼

为什么是分答首先抓住了知识经济的机会？

我们遇到问题时，往往希望遇到一个明白人，能一针见血地点破我们的困惑。所以，在中国有句话叫"听君一席话，胜读十年书"，自己苦苦不得其解的问题，在别人那里早就已经破解。

请教牛人，让他们为自己答疑解惑，最好就是一句话点醒，这早就是植入我们文化深处的习惯。

现在要做的事情是如何让大家愿意为提问而付费。

当然有人愿意为知识提问而付费，但是在现阶段这样的人还很少，知识消费的习惯还需要培养。

所以，分答真正的高明之处是让提问的人把问题扩散到朋友圈，朋友圈的好友如果想偷听，就需要支付1元钱。这1元钱，提问者分一半，答题者分一半，这样就把提问者的积极性调动起来了。

最高明的是，分答抓住了微信红利。只要关注了分答的服务号，你的提问就会有收益。每晚10点，分答会在你的微信消息里显示你今日收入了多少，其实收入多少并不重要，每天有一点儿意外收入的惊喜感会让你欢喜。

人一开心，就会用这个惊喜的收入继续提问或者偷听。只要有人提问，分答答主就有动力回复，毕竟分答只需要用个人的碎片时间响应，而这些时间原来做不了专业的服务，但现在我们可以提供微服务了。

就这样，分答打通了流量循环。能形成自带流量循环的互联网产品是不多的，腾讯公司显然注意到了这一点，投资分答对分答最大的意义不是钱，而是微信生态系统接纳了分答，同时解除了分答发展上的最大隐忧。

聚合牛人，服务牛人，做知识经济的支付宝
▼

那模仿分答模式有机会吗？我认为绝大部分跟风平台没有机会。

不如先看一组2016年的数据：

5月14日，知乎Live上线；

5月15日，分答正式上线；

6月5日，罗辑思维旗下App "得到" 推出《李翔商业内参》，当天订阅超过1万人；

6月6日，值乎3.0上线，改为语音回答；

6月6日，喜马拉雅FM推出互联网首个付费语音产品；

6月27日，在行、分答融资，估值超过一亿美金；

7月11日，来问医生上线；

7月12日，脉脉业问上线；

8月8日，联想知了问答上线；

9月28日，京答邀请答主入驻；

11月11日，YC合伙人、Twitch创始人，借鉴分答发布新的创业项目；

12 月15日，新浪微博上线微博问答。

2017年2月7日，喜马拉雅FM上线问答。

看到知识经济内容创业机会的公司不止分答一家，像拥有微博流量的微博问答，采取文字问答偷看的模式错位切入；像拥有声音电台流量的喜马拉雅FM，用5分钟问答+偷听回复模式直接竞争，给分答运营也带来巨大的挑战。

切入知识经济的入口并不唯一，比如罗辑思维的得到APP，从分享干货的角度切入；比如很多在线学习网站，是从教学角度切入，而分答，是从问答角度切入。

当然，不同的知识内容平台都在互相借鉴，互相学习，互相竞争。分答推出了小讲，对标的是喜马拉雅FM的喜课，而喜马拉雅FM推出问答，对标的又是分答。

在分答之前，做问答的有百度知道、新浪爱问等平台；分答之后，更是各种问答平台层出不穷，但他们都忽略了分答运营模式背后的一张牌。

这张牌就是"在行"。

我认为果壳运营在行最大的价值不是让在行变成变现平台，而是变成一个为牛人提供贴心服务的平台。牛人入驻在行是一种荣誉，通过在行接单，获得收益，在行一分钱都不要！

那在行靠什么赚钱？——靠分答。

分答够吗？——未来也许够，但现在肯定不够。

那一直这样补贴、烧钱？——只要牛人认可在行，那么在行就可以孵化出知识工作者需要的各种知识的服务工具，分答只是培养大家知识消费习惯的第一款。

一旦分答成功了，就可以孵化出围绕知识服务的不同形式的垂直消费工具。打个比方，我们把在行看作"免费的淘宝店"，分答是果壳网的"支付宝"。

"免费的淘宝店"吸引足够的顾客后，就培养了大家用"支付宝"付费的习惯，现在大家都已经知道支付宝是一个能量多么大的平台。

其实围绕在行，衍生出分答这样的知识消费工具，未来说不定还有字答、图答。一个APP，装各种知识服务模式，遇到适合的专家或不同的问题，你只需要选择不同的服务模式就好。

分答创始人姬十三认为：只有通用产品才是出路，而非单一垂直类的应用。我相信果壳网的姬十三在下一盘很大的棋，商业引进逻辑也有可能被复制到知识经济消费的发展趋势中。

所以，做好在行的行家服务，就能牢牢把握引领未来知识经济的关键点，成为拥有知识服务能力的牛人。

只要分答愿意，就可以调动在行牛人一起推广。在知识服务这个领域，牛人的能力汇集起来，也是极为可观的。

比如11月25日，我在自己的微信中说给粉丝福利——1元提问，结果不到24小时就有了近500个提问，结果被迫提前终止服务，因为根本答不完。

又比如2017年1月23日，分答推出"小讲"功能，让知识达人就某个专题录制一组语音，网友付费收听，还可以在小讲下面交流讨论，这就打通了分答和教育的连接，有的知识达人的小讲课程不到21天就已经销售了10000份，收益已经突破10万元。

错过微博，错过微信，错过直播，别错过分答
▼

自媒体平台风起云涌，先是微博，再是微信，今天又冒出直播。对于知识工作者而言，这些平台都很尴尬。

为啥？拼不过颜值，打不赢卖萌，空有一身的专业知识，却要和"90后"的"小鲜肉"拼新媒体运营。这不是让知识工作者拿自己的短处和别人的长处去拼吗？

在行、分答的出现，给知识工作者带来新的希望。我们只需要注意一个事实，很多行家答主，并不是微信大号、微博大号，但他们能赢得很多人的信任，这完全是依赖自己专业领域的积累。

分答也是一个营销号段子狗没有办法主导话题的平台，分答答主天然带有专业属性。你要做行家，你要做答主，如果没有专业属性，开通了也无人问津。

作为知识工作者，要预见到借助网络提供知识服务，未来的知识服务会和现在的商品借助网络销售一样普遍，而且会更方便。

毕竟商品还需要物流，而很多知识服务只需要面对面交流即可。互联网恰恰就是在最短的时间内，让大家即使不能面对面也能交流沟通的一个平台。

我认为分答是目前最领先的知识服务平台，因为分答不是跟风性的产品，是在在行平台成功运营的基础上一点点悟出来的创新型产品。中国的互联网产品，大都是模仿硅谷产品再进行本土化的创新，但分答是首例引发硅谷模仿的中国创新型互联网产品。

　　分答这样的新互联网产品，一旦发展成功，将前途无量。所以分答一出现，我就在第一时间注册，第一时间卡位，第一时间推广，虽然经历了一段停摆，但是也可以给大家汇报一下战果。

　　从5月15日分答成立到11月30日，半年时间，我的分答粉丝就已超过2.5万人，在分答回复了3000个提问，收入超过了6万元。这些都是利用我的业余碎片时间获得的回报，与此同时，我刻意低调的在行约见也悄悄突破了50单。

　　作为知识工作者，如果持续坚持在在行和分答上运营自己的专业品牌，会发生什么？其实不仅仅是我，已经有一大批成功的先行者。在知识型IP训练营，很多专业人士每个月都有大量的在行约见。不过很多人过去只重视在行，还没有足够重视分答，但就在最近，一些微信号运营者尝试了一下分答和微信绑定运营后，很快就发现，分答其实是给粉丝的一个福利，让粉丝可以用很低的成本和你产生直接的联系。

　　要知道，声音是可以带温度的，我们喜欢有温度的人。

　　不仅要做专业的人，也要做有温度的人，更要善于利用新的平台让别人知道这一点。

　　我们写这本书，也是希望普通人通过阅读这本书，看到知识经济发展的一些趋势。其实不管是哪个平台推出的问答服务，只要你消化了本书的提问和回答策略，都可以马上拥抱知识经济。

　　最后用一句话结束思考：看到趋势其实不难，抓住趋势才是最难的。

秋　叶

目 录

目 录

分答

1

知识变现，你开始玩了吗

1.1　为什么能"躺着赚钱"

分答的主页上赫然写着：值得付费的语音问答，十万知识网红等你来问

这是在行团队孵化出的一款付费语音问答产品，2016年5月15日正式上线。你可以提问分答上任意一位明码标价的答主任何问题，如果对方选择回答的话，你就会收到一条60秒内的真人语音回复。

分答和在行都是北京果壳在线教育科技有限公司的产品，公司的创始人是姬十三。在行的出现被称为"知识经济的新模式"，而分答则更进一步，被称为"知识零售版的在行"。

想要了解分答，不得不先从在行开始研究。

在行：行家指路，少走弯路

在行，一个付费的O2O知识技能咨询平台。

据说已经超过1万名行家入驻在行平台，明确自己咨询服务的主题和提供的内容，明码标价自己一小时的时间费用。你可以任意选择一位行家，付费后即可与他进行面对面的咨询。学员通过约见行家可以获得高质量的个性化知识服

务，有针对性地解决自己的问题。

在行将社会各个领域中最优秀的人的知识技能和经验打包成服务出售，为大量的知识工作者提供了获取额外收入的一种途径。行家们借助平台提升个人品牌的同时，还能获得精神满足和物质利益的双丰收。在行上线一年以来，平均每日交易量达800次，客单价平均超过400元。在在行平台上，萧秋水老师已经约见了超过260人，平均每个月约见10～20位网友，轻轻松松月入万元。而在行是在2015年3月才成立的。

〈	萧秋水	⤴

∨ 状态　　　　　　🗨 304人见过　❤ 1218人想见

如何通过社交媒体打造个人品牌
¥800/次　　　　　　　　　　22人见过　9.4分
全国通话

如何选书和读书，快速提升自我
¥800/次　　　　　　　　　　41人见过　9.6分

如何通过社交媒体等途径打造个人品牌
¥600/次　　　　　　　　　　54人见过　9.4分

你能否成为自由职业者
¥800/次　　　　　　　　　　42人见过　9.5分

移动互联时代，知识管理帮你决胜未来！
¥1000/次　　　　　　　　　145人见过　9.3分

分答：知识零售平台

在2016年5月推出的分答平台则更进一步，你可以付费买一个人一分钟的时间，对方会用语音回答你的问题。

分答的游戏规则比在行更简单，用户在分答上介绍自己擅长的领域，设置付费问答的价格，普通人可以设定在1元到100元之间，认证过的答主可以设置超过100元的提问价格。只要愿意付费，任何分答用户都可以向答主提出文字问题，答主的回答则是一条60秒以内的语音。当然答主可以选择自己感兴趣的问题回答，也可以忽略不想回答的问题。

分答上线短短两个月，已经有超过10万人开通了分答账号。在分答上线第一个月，就有超过30位答主凭借这种一分钟碎片化的时间回复，轻松做到了月入万元。

《奇葩说》第三季的热门选手、编剧鹦鹉史航在分答中每个问题收费为38元，截至2016年5月28日下午，鹦鹉史航已经回答了1197个问题，总收入59160元。而这个"最会赚钱的分答答主"的宝座差点被刚刚入驻的王思聪夺走，因为王思聪回答一个问题的收费高达3000元，截至5月28日下午，他只回答了16个问题，但总收入已经高达55128.5元。

分答的"生财之道"

如果有人对答主的某个问题的答案感兴趣，他可以付费1元选择"偷听"这条语音回复。而这1元在分答平台收取10%的费用后，剩余的钱将由提问者与回答者平分。也就是说，假如一个提问被100个人偷听，那么提问者和答主都可以得到45元。如果提问者提问的费用不超过45元的话，他提问的成本已经全部收回。

有嗅觉灵敏的提问者发现了这里面的生财之道，主动设计问题提问不同的答主。答主回复后，提问者会主动把这些充满个性思考的声音回复并扩散到微信群、朋友圈，帮自己赚钱，也顺便帮"答主"赚钱。

所以，分答可以帮你躺着赚钱，获得"睡"后收入。作为答主，甚至包括提问者，只要把好的问题扩散到朋友圈，就可以安心睡觉，等待这些问题通过社交圈不断被偷听和扩散。而每天晚上，分答平台也会通过贴心的微信服务告诉你，今天你的分答替你赚了多少钱。

本书作者秋叶大叔就养成了每天晚上10点看看今晚的分答收入，再愉快休息的习惯。

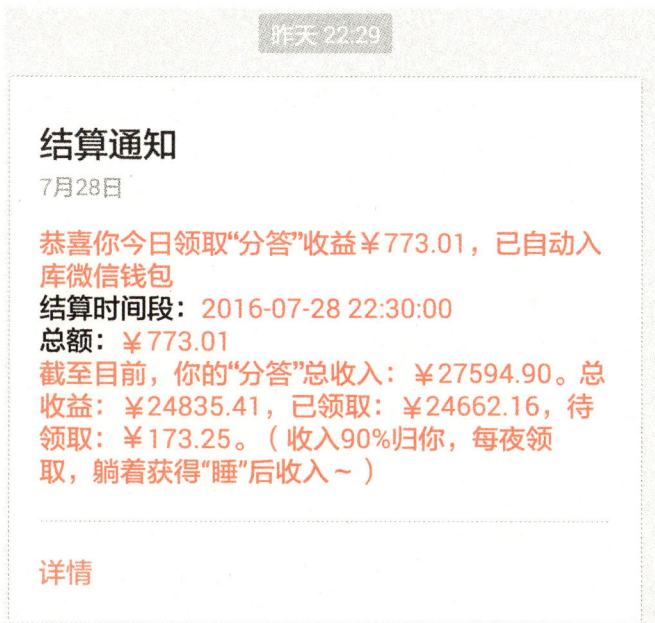

昨天 22:29

结算通知

7月28日

恭喜你今日领取"分答"收益￥773.01，已自动入库微信钱包
结算时间段：2016-07-28 22:30:00
总额：￥773.01
截至目前，你的"分答"总收入：￥27594.90。总收益：￥24835.41，已领取：￥24662.16，待领取：￥173.25。（收入90%归你，每夜领取，躺着获得"睡"后收入～）

详情

和过去的很多爆款互联网产品不同的是，分答从诞生的第一天开始，每个人都是这个商业模式的受益者。提问者可以找到自己想提问的对象咨询，还能

凭借好问题的偷听收回提问的成本；偷听者通过去听自己感兴趣的问题，解决了自己的困惑；答主可以利用分答获得提问和偷听的收入；至于分答平台，则会提取10%的运营费用。这个商业模式似乎避免了过去很多互联网产品免费的大坑。

这么有趣的玩法，背后有着怎样的故事？请看下节分解。

1.2　知识付费平台爆红全网的背后是什么

分答似乎一夜之间火了

2016年5月15日，分答悄悄地在微信上线，一天之后，开始在微信朋友圈刷屏。

2016年6月8日，分答创始人姬十三在朋友圈发布消息："分答&在行完成A轮融资，估值超过1亿美元。"这一天，距离分答上线仅仅24天的时间。

2016年6月27日，上线42天的分答正式召开发布会，宣布获得2500万美元的A轮融资，投资方包括元璟资本、红杉资本、王思聪和罗辑思维。在发布会现场，"42"这个数字随处可见，姬十三在演讲里剧透了"42"的来源：它是《银河系漫游指南》里面宇宙意义的总答案。

即便是在习惯移动互联网速度的人群里面，分答24天搞定融资的速度也是一个奇迹。不过在宣布拿到融资的发布会上，姬十三透露了一个数据：分答上线42天交易金额近两千万元。

2016年9月27日，分答回归。

2016年11月24日，分答正式宣布已获得腾讯的A+轮战略投资，累计融资额超过2亿元人民币。这一轮融资将更多投入到产品及用户体验迭代、知识网红的扶植、品牌推广等方面。

在投资人开始强调以现金为王的2016年，分答对应的知识经济，一开始就产生现金流收益才是更值得关注的亮点。

姬十三认为："在行是中度的知识服务，而分答是更轻度的知识服务。"似乎这个轻服务比在行更受用户的欢迎，在上线的短短一个多月时间里，分答已经有超过1000万授权用户，付费用户超过100万，33万人开通了答主页面，产生了50万条语音问答，交易总金额超过1800万元，复购率达到43%，每日付款笔数超过19万次。

数据明确显示，分答已经成为一个现象级"爆款"的知识产品。

付费知识问答产品陆续推出

分答抓住了服务消费升级的趋势，把人头脑中的知识价值做了定价，提供了可交易的模式，这就赢得了一片蓝海商业机会。

分答看准了趋势，并开了一个好头。商业模式的成功引发了众多同类产品出现。

事实上，分答并不是突然火的。首先，它和一系列知识问答产品的推出有关系。

2016年2月，程序员Aether推出了一款叫"大弓"的微信轻应用问答产品。你提出问题，选择一个答主，答主认为你的问题值得回复便可以用文字回答你的问题。大弓在很短时间内引爆了一部分人的朋友圈，但似乎始终没有形成大的气候。

2016年4月1日，知乎推出值乎，刷爆朋友圈。用户关注知乎的微信公众号后，可以在微信朋友圈里分享自己打码的知识内容，其他人必须付费才能看到全部内容。付费后，觉得满意，钱就归作者；不满意，钱就归知乎官方。不过，值乎在火爆一轮后似乎很快沉寂了。

　　而果壳的姬十三在做在行的同时，也一直在思考AMA模式（Ask Me Anything）。这个模式起源于美国论坛Raddit的一个板块，用户在这个板块上可以向受邀而来的名人提问，名人会挑选问题回答。2015年12月开始，姬十三每个月都会组织一次"头脑风暴"讨论如何复制AMA模式；2016年4月，在一次"头脑风暴"中，语音的形式被提出来，姬十三立即拉上在行团队中几个产品和技术人员开始研发，用10天的时间做出了分答的雏形。

　　2016年5月13日，分答内测。

　　2016年5月15日，分答上线。这个由H5做成的小产品跨出了内部微信群，被转发到了微信朋友圈，也迅速刷爆了朋友圈。

　　2016年5月18日上线第三天，增长势头迅猛，这让姬十三不得不火速将在行团队所有人调入分答项目，以备随时迭代和改进。这时分答还只有简单的语音问答功能。

　　比值乎更进一步的，是怎样让答案能复用，让更多的人通过知识分享获得回报，分答创造的偷听利益分享机制，极大推进了分答本身的传播效果。

　　自AMA的传统模式，到语音，到付费，到知识服务，姬十三并不是突然孵化出分答的点子，正如他本人所说："很多想法不是天马行空拍脑袋出来的，它是很多元素叠加到一起。AMA、Wiselike、Tiptalk，大弓、值乎在朋友圈的发酵也都给了我们启发，创新就是互相迭代和刺激的。"

姬十三的成功之路

　　如果我们把视线放远一点，就会发现，姬十三的团队做出分答这样一款知识付费产品，是非常符合逻辑的一个演变过程。

姬十三，原名嵇晓华，是北京果壳互动科技传媒有限公司和北京果壳在线教育科技有限公司的创始人兼CEO，神经生物学博士。他从2004年起开始科普写作，先后曾在10多家媒体开设科学专栏。2008年，发起公益项目科学松鼠会。2010年，创办果壳网，并借此平台推动"万有青年烩""菠萝科学奖"等跨界对话项目。2016年3月，他当选"全球青年领袖"，这时知乎还没有推出值乎，在行也没有想到要研发分答。

但我们观察姬十三的履历，从一个科普作家到科普网站的CEO，他自始至终都是以"传播靠谱的知识"为核心。

他学了11年生物学，拿到博士学位，是为了探求知识；

他成为科普专栏作家，是为了给大家传播更多的知识；

他创办松鼠会，是为了将一群热爱科学、乐于分享的年轻人聚集在一起。之所以取名叫松鼠会，是因为他们将科学比喻为坚果，内核有营养而外壳难以剥开，松鼠们的工作就是将科学的坚果剥开；

他创办果壳网是为了聚集各行各业的有趣、有味、有志的青年人，学习、分享、讨论各类知识；

他推出在行，也是希望让更多的人遇到任何领域的问题，都可以通过在行一键约到"对"的人。

正是因为有姬十三和他的团队多年的积累，才使得一款能让知识变现的问答产品的创造变得合乎逻辑。

以致姬十三的分答爆款拿到A轮融资后，多年默默支持姬十三的朋友似乎都暗暗松了一口气——你终于可以大展抱负了。罗辑思维的CEO脱不花（李天田）就曾说"我们有太多人盼望姬十三取得一个巨大的成功，因为他太能坚持了，很了不起"。

　　老话说得好：没有人能随随便便成功。对分答而言，这不是爆红，而是经过长期积累后的一次能量聚焦的爆发，是整个果壳系团队在过去的五六年里，在知识经济这件事情上深入思考和探索的结果。

1.3　如何做到如此之快的传播

分答的传播热潮似乎更持久，最初"姬十三们"也担心分答会不会像4月1日上线的值乎一样，第一天很多人涌进来，再后来玩的人就少了，但分答的发展出乎他们的意料。

不如让我们先全景式回顾一下分答第一个月的传播过程吧。

时间	扩散人群	运营动作	扩散特点
第一周	科技圈从业者和媒体人	发动在行行家和果壳网科学传播的作者资源，邀请知乎专家和意见领袖入驻	试用后扩散到朋友圈和微信群，带来第一波传播能量
第二周	热点电视节目名人入驻	挖掘资源，主动邀请史航、东东枪这样的名人入驻分答，尝试从专业群体进入更大众化的圈子	《奇葩说》辩手在史航的影响下，开始自发地玩分答，开始出现高回报的实例
第三周	娱乐明星入驻	汪峰、章子怡、海清等明星开始入驻，王思聪的入驻带来话题热点的传播效应	分答开始成为大众议论的话题，成为媒体讨论的焦点
第四周	普通人好奇试水	推出才华榜、精华榜，引导普通人提问答主，刺激答主更努力地回答问题；推出分答App、分答一刻微信	大量普通人开始搜索自己喜欢的分答名人提问并扩散，从中获取收益
第五周	覆盖重点城市白领	北京、上海投放分众广告；推出"生命分答"活动，邀请名人回答	进一步激活了答主和提问者的参与活跃度，开始培养部分答主和提问者固化的使用习惯

　　从产品层面来看，无论是微信端还是App，分答的功能都很容易被复制。事实上，分答开始火爆后，值乎的确也在功能上迅速更新，开始跟进。业内也冒出了"对答""业问"这样的宣称是垂直领域问答平台的产品。但是截至目前，能形成大范围传播能量的还只有分答一个平台。

　　我们认为分答之所以传播如此之快，有三大原因：

从极客到名人，跨过小圈子传播的粉丝墙

　　很多互联网产品并不差，而且在自己能覆盖的粉丝圈里扩散都很快，但是一旦超出自己的粉丝圈，产品传播马上呈衰减之势。

　　为什么会这样？普通人并不会追求最新潮的事物，他们习惯于跟随自己熟悉并认可的人，也就是大众意义上的名人。

　　当年，新浪微博大火之前，国内已经有很多类似微博这样的平台，比如饭否、海内、叽歪等，但都是在科技圈、互联网圈内传播，没有形成普通大众使用的习惯。直到新浪微博大量邀请名人开通微博，才引爆了潮流。

　　《引爆趋势》的作者亨利克·维加尔德专门研究趋势领域，他研究了很多社会热潮传播的过程，发现大部分传播都经过了从小圈子传播到进入大众流行圈引爆流行的传播过程。

　　亨利克·维加尔德认为，一股新潮流在真正开始流行之前，肯定有一个逐渐升温的过程。在一个潮流中，最重要的人是潮流的创造者和缔造者，然后一批人跟随他的创造，把新事物变成了一个小气候，并吸引更多的人关注甚至追随，慢慢形成了传播。

　　书中认为，潮流的缔造者往往来自设计师、艺术家、男同性恋者、有创造

力的年轻人、有个性的名人以及一些长久存在的亚文化圈分子。在分答这里，就是一群热爱传播知识的极客，他们在网上已经是极具知名度的品牌，果壳网本身也是一个自带流量的大社区，足以形成第一波传播能量，吸引能量更大的名人入驻。

所以，当分答形成第一轮传播后，马上开始邀请能量更高一级的名人。直到借助分答的话题效应邀请到一线名人的入驻，形成全民话题，才完成了一次高效的借势传播。

为了让更多的人知道分答，分答也开始在北京、上海投放分众广告，以"生命分答"为主题做品牌活动。大量的明星、意见领袖参与进来，以"生命最后60秒"的主题来回答在那一刻他们会想到什么。"名人效应"一下子吸引了大量用户进入了分答。

对此，姬十三总结说："我觉得当事情能快速增量的时候，我们就把资源投进去来快速地抢占这个市场，打一场闪电战。分众是最快的方式。"

从提问到偷听，打通提问者社交传播机制

作为一个定位于知识服务的互联网产品，在分答之前有无数网站做过尝试，但都摆脱不了一大难题：平台不推广，就没有使用者。而即便是使用者对产品体验很好，也不一定有传播效应，以至于很多知识服务只能靠"免费"两个字来吸引普通人参与，这样又损害了专业知识工作者的利益，导致很难有专业知识工作者愿意长期参与平台的运营。

而分答的偷听分红机制是一个非常大的创新。首先，语音产品天然比文字适合付费，一对一的真人声音服务不会让人担心那些文字是事先准备好的文案和安排小助手复制粘贴的。而声音又比文字具有更好的保密性，偷听两个字也

满足了普通人的好奇心或者窥私欲，1元钱偷听价格的设置也不是一个很高的门槛，但如果答主价格不高的话，十几个人偷听就有可能收回成本，传播到微信群带来更多的人收听，提问者甚至还有利可图。

所以，在分答上出现了专门提有质量的问题的人，然后借助自己的能量传播，带来不菲的收益。

分答提问者晨曦只回答5个问题，但通过偷听，两个月收入破万

晨曦就是这样一位让秋叶印象深刻的提问者，他除了向秋叶提问之外，还向很多性价比很高的名人提问，而且他特别注意问题的设计，所以偷听的人也很多。

这反过来也为他带来了大量的偷听收入，两个月内他的偷听收入超过了1万

元。最重要的是，有这样的提问者存在，也让分答的生态活跃度大大提高。

最后要说一句，一开始分答完全是一个借助于微信平台的轻H5应用，完成了产品基础功能验证后才推出App版本，即便是注册分答App也会提示你和微信绑定。这也让分答在传播属性上自然和微信平台形成了绑定。一旦有人提问，你的微信会出现提示，这样分答就借助微信这个高频应用，实现了分答提问或回复消息提示和微信的无缝对接，这使分答的曝光率得到了大大的提高。

而偷听这种心理又特别适合在微信这种私密社交人群之间进行传播，微信是传播分答答案的最佳平台。一个有意思的话题就是分答刚刚出来时，有人认为微博将是分答最大的对手，认为如果微博推出偷听机制，借助微博的转发效应，一定能后来居上。

但是笔者认为，这种分析可能忽略了偷听这个场景更适合朋友圈分享，不是好友关系，没有好友推荐，大家是不会贸然花时间去偷听一句60秒的语音的。事实上，在微博上获得高转发量的内容，不是视频就是图文。我们认为，分答在产品基因上并不适合微博这种公共开放式的传播平台。

从在行到分答，预备产品到运营组织的人才储备

如果没有在行的积累，分答能否如此快速地成功？我想答案很可能是否定的。

在分答之前，已经出现了一款付费文字问答的产品叫"大弓"。大弓的开发者也邀请了自己科技圈的人脉试用并扩散，也形成了小圈子里的传播。但大弓是一个程序员的作品，当程序员自身的能量消耗殆尽后，就很难再做进一步的推广。

对比之下，分答之所以能运营起来，首先是因为在行已经积累了上万行家

的资源，而且在行运营人员和这些行家可以一对一地沟通，从而测试完善并推广分答。其次，姬十三早就结识了相当多的名人，自然可以将他们扩展到分答的运营中，这是普通程序员的人脉难以企及的。

在行本来就是围绕在行行家服务的，整个团队有专业部门和人员负责业务拓展、运营和维护客服体系等。而分答直接利用整个在行团队进行推广，相当于在行员工向大家推广一个新的服务模块，所以很快就实现了公司能量的定向爆破。

而从科学松鼠会到果壳再到在行的知识服务探索的积累，也让姬十三团队在产品功能设置上更有平衡感，功能迭代不仅要快，而且发布时机要拿捏得相当到位。

如果没有之前的积累，在这么短的时间内，换作任何一家公司都是适应不过来的。所以，在分答推出的第三天，当姬十三决定把公司能投入的力量全部投到分答上时，他发现人员是一一对应的。

所以回头看，用姬十三的话说："做一个产品不是纯功能上的东西，它是品牌、运营等一体的东西，每一个方面好像都有可能被复制，但全部加起来，就是一个高门槛。你得有一个比较强的品牌作为背书，你得有一个知识社区作为根基，你得有快速的产品和研发能力，你得有机会利用微信进行开发，你得有大量的大V、名人资源，这些归结到一起，被复制的概率就没那么大了。"

综合这三方面来看，分答的快速传播离不开果壳长久以来的资源和经验积累，也离不开优秀的商业模式。用一句网络评论来定义分答的运营："这是一个一分靠产品本身，六分靠运营，三分靠'网红'的产品。"我们觉得这个评价恰如其分。

1.4　为什么分答能够超越其他同类产品

　　一夜之间，知识值钱了。知识经济的各类平台开始层出不穷。

　　2016年2月，知识问答类的付费H5应用"大弓"最初上线了一个"快消息"版本，告诉你可以"付8元钱给小明提个问题"。

　　4月1日，愚人节当天，免费知识问答社区知乎上线了"值乎"，花5元钱可以看到小红写的"高效开会的秘诀是：××××××"的"××××××"隐藏部分。而后，在第三届"知乎盐Club"社区的交流盛会上，知乎发布了一款新产品——"知乎Live"，是一种一对多的群组付费分享和问答产品。

　　5月15日，果壳网旗下的在行推出新产品"分答"，同样是一款付费问答的产品，不同的是，回答者一律真人语音回复，你付1元钱就可以偷听小聪语音回答的"最喜欢的投资领域有哪些"。

　　6月初，罗辑思维旗下的产品"得到"爆发，将《李翔商业内参》等内容打包标价一年199元出售，短短一周时间就卖了5万份。截至2016年11月初，"内参"订阅量已超8万份。罗辑思维又顺势推出了王煜全的《前哨》、李笑来老师的《通往财富自由之路》、古典老师的《超级个体》，打造出一个内容经济分享的平台。

分答、值乎、对答、业问、大弓……谁能笑到最后

分答爆红之后，一时间，互联网市场上涌现出各种分答的模仿者。

知乎的值乎，开始迭代更新，跟进分答模式。

对答的机制和分答一样，但是你可以选择和一群人众筹一个问题问答主，对想偷听的问题你可以免费听一半再决定是否要听下去。

国内领先的职场社交平台脉脉推出业问，一个匿名的职场版的分答。

……

分答能够超越同类产品，率先成为真正意义上的爆款，从而成为行业领跑者的原因主要有：

一、分答的产品设计极有特色

我们不难发现，如果把分答的语音功能变成文字，你会觉得它和知乎4月1日推出的"值乎"基本相似。同样是个人提问，专家或网红回答，不同的是值乎这款产品用的是"刮开看"的设计，并且一样需要付费。

而分答这款产品在值乎的基础上进行了创新，其最大的创新就是"偷听"功能。偷听这项功能设计的好处在于它不仅能让回答者赚到钱，还能让提问者躺着也赚钱，所以在分答，你可以看出提问和问答同样重要。如果你的提问足够好，就会引起众人的好奇而偷听，这时甚至比回答更有力量。

分答借助于微信高频社交的属性，给偷听增加了一种社交的"窥私欲"，同时还有一种对比产生的"满足感"，你用1元钱听到了价值4999元钱的内容，这样的感觉是不是超棒？这种快感远远超出了回答内容本身的快乐。

我们就拿3万人偷听的"啪啪啪，最常用什么样的姿势"这个问题来说，王

思聪给出的答案实际上平淡无奇，但是由于王思聪"专门"回答了这一问题，同时又增加了一个声音的专有属性，所以它拥有了偷听的社交炫耀分享的价值。

总体来说，分答这款产品有以下几个好处：产品轻，易用性较强，使用者容易上手；付费提问和偷听分成功能激发了提问者和回答者双方分享问题和答案的动力；有趣或有料的回答本身成为传播的优质内容，让分答不断刷爆朋友圈。

分答真正做到了：产品就是内容，用户就是渠道。

二、分答团队的运营能力极其强大

姬十三和他的团队一直相信产品驱动的力量，而分答的迭代速度更是令人赞叹。产品每天迭代两次，刚开始即使受到HTML5的框架约束，仍有层出不穷的功能推出，比如排行榜、才华榜、限时免费偷听、请朋友免费听。前期分答没有投过任何广告也能火，是因为好产品本身就自带传播能力。

分答早期聚焦在创业圈子里，后来各路明星的入驻，尤其是王思聪的加入，成为分答的另一个引爆点。通过名人入驻的时间，可以看出分答团队的运营能力之强。随着名人的不断入驻，分答明显获得了更多的流量。当明星越来越多，邀请其他明星成功入驻的概率就会变大。

这就是所谓的好运营会胜过好广告和好营销。

从产品运营的角度出发，分答正在努力推进的另外一件事，也许将再次为分答带来一波持续的流量以及持续引爆朋友圈的能量。

这件事就是分答正在尝试接入微信公众号。分答正在开发一个接入公众号的工具，这些公众号可以直接接入分答，面向粉丝收费回答问题，这直接解决了很多公众号的变现问题。如果成功，分答将获得数十万有影响力的公众号为其带来的巨大流量。

5月底，分答与罗辑思维公众号合作试水。罗辑思维公众号内接入了分答功能，而分答帮助罗辑思维在公众号内部建立了专属的问答社区。

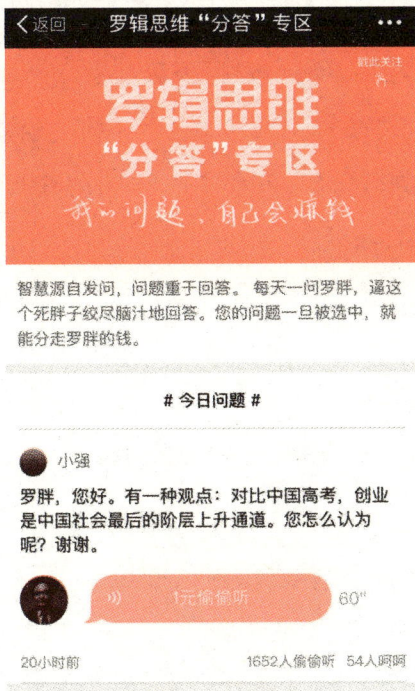

短短两周，罗辑思维公众号累计收到了超过20万个问题。罗辑思维团队每日挑选出优质的问题进行回答，单个问题最高获得过近万个偷听，这创造了与用户之间全新的沟通方式，也让用户获得了可观的经济收入。

"分答·专业工具版"目前已向已经开通公众号的机构和个人申请入驻。很有可能在未来，分答这种连接方式会如同即时通信和语音通话般成为许多产品的标准配置。

除了罗辑思维，汽车之家、36氪、世纪佳缘等知名公司都已入驻分答，后台各项功能将陆续启用。

微信公众号已经成为许多公司与用户联系的重要窗口，甚至是主要产品。

利用工具化的分答，每个人都能在自己的公众号里建立一个"问答专区"，这不仅解决了公众号的单向传递性，还解决了公众号的变现方式，同时分答又能获得巨大的流量，两者互惠互利，做到了双赢。

最后，在分答这款产品上，我们看到了产品设计、功能迭代、产品运营、战略合作等，却很少看到广告。分答的走红，意味着一个新的传播时代即将到来。

分答，即使不是计划内的产物，它的诞生与走红也充满了偶然中的必然。

那么分答能笑到最后吗？

我们不妨来分析一下分答的孵化和发展的过程。

有影响力的优质行家是平台的竞争核心

2015年3月，果壳推出"在行"后，大概有100家创业公司复制行家模式。复制的逻辑无非有两种：一种是我们有流量，我们做行家平台比在行能更快获得收入；另一种是我们更专业，我们能做定位更精准的垂直行家平台。

秋叶老师在入驻在行后，接到了不下三十家这样的平台邀约，对此，秋叶老师的回复一律是拒绝。

为什么拒绝？因为在知识服务市场，真正稀缺的不是平台，而是优质、有影响力、有能力、有意愿在互联网知识分享平台运营的行家。

对于知识服务这个市场，根本不是平台的竞争，因为基础的功能大家很快都可以在体验上做到接近，很快就会出现同质化的服务模式。

但哪个平台先卡位获得优质的专家资源，哪个平台就能更容易形成造血自循环。在没有一个足够大的市场产生之前，知识服务领域是很难容纳下多个成熟的平台的。

以秋叶大叔为例，既然认为在行的功能和体验还不错，就在在行上构建了自己的行家平台，决定先做出口碑和影响力再说。即便有一天在行不行了，秋叶老师要入驻新的行家平台，他依然是稀缺资源。

所以，对于知识服务平台而言，竞争的核心不是技术，也不是商业模式——这都是非常容易复制的门槛，关键是吸引用户流量的优质资源更愿意去哪个平台入驻。

果壳网为在行和分答代言

这个逻辑在在行这样的行家平台上成立，在分答这样的问答平台上也成立。

在行也好，分答也好，之所以能够吸引大量不同领域的专业答主，其实不是靠金钱。因为对于大部分成名的专业答主而言，在行和分答的收入都不太可能是他们收入的主要构成部分。但是，答主之所以愿意入驻在行或者分答，是因为姬十三的科学松鼠会和果壳网多年累积的人气和信任感。

果壳网知名度非常高，在科普领域培养了大量的知名专栏作家，这些人天然就是行家和答主。更重要的是，这些行家都知道姬十三在推动中国科普事业方面的努力，果壳作为国内最知名的科普平台，其实一直是不赚钱的。

所以，当果壳孵化出在行平台，真心喜欢果壳的人都愿意优先考虑在在行发展，而在行平台快速积累了上万的优质行家，又自然成为优质分答答主的资源库。

这一系列水到渠成的运营，构建了在行和分答对同行的核心竞争力的门槛。恰恰是在行积累的第一批行家激活了分答，他们作为最先吃螃蟹的人，起到了示范效应，引爆了第一轮传播，最后的结果就是让更多的人试水分答。

比如大弓，大弓也是一个提问平台，只不过它是文字提问，可以文字回复，也支持语音回复，虽然产品功能也不错，但是显然不如分答的影响大。最大的区别就是，在运营方面大弓完全依赖程序员的个人资源，而果壳网的能量是普通人望尘莫及的，在运营上大弓就输了太多。而在行的行家是分答的天然代言人，其他的平台输了这一手的积累。

另外一个关键就是大弓只能是提问者打赏答主，而不能让别人的偷看、偷听获得收益，普通人参与传播的动力机制就弱了。虽然我个人更喜欢大弓这种文字回复的方式，但我必须承认语音回复模式更符合大部分人的期待，而且偷看文字远远不如偷听语音有吸引力。要我说，人喜欢偷看的是图片，而不是文字。当然大弓最新的版本也开始支持图片回复和转发朋友圈，不过缺乏明星用户的积累，大弓是很难广泛传播的。

即便后续的平台可以开出比分答更优惠的分成模式，但是我们还是愿意支持分答。就我个人而言，让姬十三的团队赚到足够的商业回报，能够让果壳网这样的科普平台在中国顺利发展壮大，是我个人非常希望看到的事情。

我们不缺钱，但我们这些人对果壳有一份感情。

专业服务领域，给分答带来机会和挑战

我认为对于那些缺乏优质答主资源的平台，它们是很难战胜分答的。从目前看来，能在优质答主资源积累上和分答较劲的，还是知乎。

除了在行团队开发的分答，知乎也推出了"值乎"和"知乎Live"，知乎Live一次90分钟的分享能带来平均万元的收益。

10月14日，果壳网宣布与语音直播平台"红豆Live"达成深度合作，首批将有13位果壳达人及8档主题栏目入驻红豆Live。这是果壳在分答取得成功后，第

一次涉足"个人知识Live"的业务。此前，知乎的"知乎Live"已经运营了一段时间并取得了不错的成绩。

在和果壳深度合作之前，红豆Live的入驻大V主要来自微博，内容偏轻、偏娱乐化。对于此次合作，红豆Live方面表示，果壳网聚集了众多拥有高质量的知识储备且具备很强内容创作能力的科学知识类达人。这类大V有自己熟悉的领域，可以通过深入浅出的方式把专业内容变得有趣，提升用户对内容的倾听及付费的欲望。

看来分答和值乎、果壳和知乎之间的竞争，才刚刚开始。

在专业服务领域，我们认为可能会出现某种挑战分答的细分产品，但这样的产品必须依托有稳定流量的业内平台。

比如，在医疗领域的丁香园，整合了文字付费问答服务的大弓，推出了自己的"来问医生"的问答服务平台。借助丁香园的流量和公信力，而且考虑到了医疗行业很多专业术语用文字表达更容易看明白（听不懂专业术语），我个人认为大弓可以在医疗领域有很好的机会。

比如，"好大夫在线"这样的医疗问诊平台，早就在医疗健康领域打通了网络问诊到线下治疗的导流通道。这些平台已经形成了自己的商业模式，如果他们愿意推出类似分答这样的平台，也是有机会的。道理和分答一样，他们拥有足够多的优质答主资源。

同样，在心理咨询、K12教育、法律咨询等专业领域，一些大平台也是有机会推出自己的分答平台的，例如股票社区雪球也推出了付费问答。

不过反过来说，这也是分答商业化合作的机会，与其等这些潜在竞争对手们推出自己的分答平台，倒不如提前沟通合作的可能，让分答平台直接为这些平台所用，无非是在偷听机制方面，为平台创造更合理的商业回报的可能性。

分答宕机48天

我们都知道在分答一路高歌之际，2016年8月10日，就在白岩松入驻分答这一天，分答在下午两点多突然宕机。一开始分答方面解释为技术升级，后来在一直没有给出明确解释的情况下停摆48天。直到9月27日晚上，分答才悄悄恢复运营。

按理说一般的网站遭遇这样一场接近关停的重大事件，早就没有翻身的可能了。尽管分答的用户活跃度也有明显的下降，但其生命力仍旧相当旺盛，并在逐渐恢复。

在栏目上，分答删除了之前的"名人""兴趣""机构"等板块，仅剩余三个类目，分别是"职场""健康"和"科普"。重新上线后的分答还与在行相互绑定，推出了"行家答主支持线下一对一约见"的功能。很显然，分答淡化了之前的明星推广模式，更加聚焦于专业化知识问答和咨询服务的定位。

本书作者秋叶作为职场领域达人，在分答宕机之前平均每天有400~500元的收入，最低一天也会有200元的收入。9月底分答刚刚回归时，秋叶老师的分答提问量虽不及以前，每天仍会有十几个提问。但其收入确实有明显下降，一开始每天只有100~200元，问题被偷听的次数非常少，也从一定程度上反映了分答用户活跃度的下降。

但在分答回归一周左右，活跃度逐渐恢复。10月11日，分答重新上线两周后，策划了一场全面免费偷听的活动。从10月11日22点至10月12日24点，分答包场限时免费听。他们的活动规则是这样的：

1.其间，你可以免费偷听全场问答；

2.偷听费用由分答买单，答主和提问者的收益正常结算；

3.本活动目的是为回馈分答用户，对频次过快、数量超常等极端行为和账号，分答保留处理权，包括但不限于不结算收益、封号等。

据说这个投入1000万元的营销策划带来的人气远远超过了分答的预估，几乎所有在行的行家都得到了分答运营团队的通知，很多行家在自己的微信公众号和朋友圈发布了这个消息。当活动开始后，全场的火爆程度超出大众甚至分答团队的预期，竟然让分答系统再次崩溃。

尽管整个活动期间，因为"拥堵"造成的分答系统瘫痪给大家的使用体验很差，但这场活动带来的流量也是超乎想象的。在活动结束后，分答官方给出数据称，活动期间超过15万个问题被偷听，光顾用户人均偷听居然超过20条。而这次活动中还有日掘金近10万元的答主，"抢钱"榜Top10的答主有：董藩、褚明宇、杨红旭、协和张羽、恶喵的奶爸、科学家种太阳、许岑、顾中一、何凯文、崔玉涛。这些人都不是明星或网红，都是在某个领域拥有专业知识积累的答主。

这次运营恰恰说明了，分答和在行结合的模式为分答的持续运营奠定了极好的专业资源人脉。分答有能力激活自己的行家资源，辐射到自己的运营过程中，我们认为这种潜在的能力才是分答未来能赢得资本市场青睐的关键。

1.5 关于各种质疑声音，我们怎么看

分答火了以后，各种评论声音都有。

分答在名人离开后会很难维持运营吗

有人认为，分答爆红得益于很多明星、大V的加入。比如王思聪，这位"国民老公"在分答上一共回答了32个问题，共计赚了20多万元，帮分答赚够了眼球。而汪峰、章子怡、柳岩、黄健翔、窦文涛这样的文体名人的入驻给分答带来了巨大的关注度和免费流量。

分答平台打着"知识变现、知识问答、知识共享"的口号，但很多提问都是与明星私生活相关，甚至有些是听人唱唱歌、读读诗而已。这种知识服务不是知识经济，而是粉丝经济，是利用网红的个人影响力来创造收入来源。一旦明星、名人的新鲜感过去，在平台上的活跃度就会大幅下降，那么普通人也就会离开分答平台，分答也就难以为继。

我们对这个观点是不认同的。在第六章中，我们也会用数据告诉大家，为什么是专业答主更适合分答平台，而不是明星和名人。引入明星答主当然是成

功地推广分答平台的爆款策略，但显然不是分答的运营策略。

分答的运营策略一定是更紧密地引入专业领域的优质答主，这一点分答的姬十三有清醒的认识。他在一次采访中坦承："明星确实提高了团队的虚荣指数。但是，如果剔除这些明星，分答的数据反而变得更好看，专业人士更能代表分答的价值。"

事实上，分答的"找人"栏目已经悄悄从最开始的收入排名变成了才华排名，现在又变成了专业方向排名，这也说明了分答运营团队努力的方向，说明了分答运营团队对明星的价值有清醒的认识。在明星、大V之后，分答正在重点引入一批法律、医学、心理等垂直领域的答主，给用户提供专业方面的知识服务，而只有垂直领域的答主才能构建起分答服务的坚实基础。

通过明星拉升平台的知名度，通过优质、专业的答主培养重度知识服务消费者，正如本书后文的分析，分答抓住了消费者真实的需求，可以产生持续化提问的动力。

我们认为，分答从娱乐化话题抓眼球切入，用专业化内容抓刚需留存，这是非常聪明的运营策略。

对分答是否要搞粉丝经济，姬十三的观点也很有趣："干吗要分那么清呢？知识经济和粉丝经济并不对立，粉丝经济是知识经济的放大通路。知识经济+粉丝经济就是'分答'。分答的未来就是要向粉丝经济方向发展，打造成为知识经济的'网红'。"

分答很难产生有质量的回复吗

还有一种观点，认为语音回复的时间太短，很难把问题说清楚，因而难以产生高互动和高质量的内容。等用户认清了这一点，分答迟早会昙花一现。

我们认为，这种观点首先是忽略了分答一分钟语音回复除了有知识服务的价值之外，还有情感交流的价值。

对于很多认同答主的提问者而言，能够占用答主至少一分钟的时间（有的答主还会录制多遍），享受语音回复本身就是一种很好的体验。

另外，很多答主为了做到在一分钟内提供优质回答，往往会提前写稿，多次录音，以确保回答问题的质量。像很多人只看到协和医院的医生张羽在分答上共计回答了两百多个问题，就赚了十几万元，但为了回答这些问题，张羽查阅了很多资料，积累了6万字的文字材料，她的很多回答偷听的人多，也和她回复问题的质量有关。

而且很多答主在回复中提供了进一步找到优质资料的线索，可以帮助别人在很短的时间内，打开他们原来不知道的知识领域的大门，这也是一种有价值的服务。

比如分答优质答主黄执中（口语传播学讲师），回答了一个这样的问题：

如何才能好好地赞赏别人，又不显得谄媚，或是油嘴滑舌？

来，我教你。赞赏别人的最高境界，其实是要能够给出机会，好让别人自己去赞赏他自己。

比如说，当朋友完成了一个项目，你与其夸他"哇！你好厉害啊""好能干啊"，还不如说："咦？我听说很多人搞这个项目都失败了，你是怎么成功的啊？"或者说："咦？这个项目听起来好像很不容易，是不是啊？能不能介绍一下里头最难的是什么？"

要知道，你夸朋友"好厉害，好能干"，他顶多说几句"哎呀，不敢当"或者是"没有啦，过奖过奖"之类的话。但用我这种方法说完，你的朋友就可以接着这个话题顺理成章地多谈谈自己是如何克服外在的困难完成任务的。

最后，他会觉得有好消息跟你说真是愉快啊。

虽然只有一分钟，但回答的内容有理念、有实例、有步骤，信息量其实很大，还可以反复听，感受黄老师讲话的语气变化对交流的影响，现在你们还觉得黄老师的这段一分钟的回复没有质量吗？

事实上，付费这件事情本身就是对每个分答答主的一种约束，如果一个分答答主轻慢地对待提问者的问题，那么对他个人的口碑和声誉也可能是一种伤害。

本书作者就遇到过粉丝提问叶璇在分答回答问题的奇怪玩法，当然我们并不知道她的行为背后的动机，但是看到这样的粉丝提问，对我们自己也是一个警醒。作为一个知识工作者，如果我们不注意个人回复的质量，就是在为贪小钱而透支个人品牌，这样的事情不能做。

张玮highfive　　　　　　　　　　**¥12**

这些天叶璇在分答疯狂回答问题，有很多回答只说了一秒钟甚至是无声的一秒，太坑了吧，为何她不怕自毁形象？

点击播放　　59"

2天前　　　　　　　　　　听过25　👍2

其中偷偷听25 分成收入 **¥12.5** ⓘ

免费追问

有些人上过一次当后，第二次仍然去问，他们是不是真傻？

点击播放　　24"

1天前

分答很难发展为一个独立的社区吗

还有人认为果壳网能够积累上百万的用户，是因为有一个具备高黏度的知识社区。但是分答很难发展成一个独立的社区，利用偷听的交易传播很难成为社交关系，反而有可能是对社交关系的透支。

像偷听机制一样，它可以成为产品的一个付费功能，但并不能单独成为一个平台。

分答为什么一定要发展成社区呢？作为一种知识付费服务的产品，分答可以成为社区，也可以成为有收费能力的工具。姬十三认为，分答的运营逻辑是从交易到社区，不像知乎，是先做社区再导流做交易。我们认为这是一个可行的策略，这就好比支付宝，一开始就定位做支付工具，慢慢地，衍生出很多资源整合的可能性。

在分答开放之后，罗振宇也玩起了分答，玩了四五天后，和姬十三见了一面。见面后，罗振宇对姬十三反复建议，分答一定要工具化运营。

罗振宇建议分答与罗辑思维公众号合作，可以用分答与用户互动。罗辑思维把分答当作运营社群的工具来用，让运营方与社群里的用户建立新连接关系，又能知识变现，又能积累粉丝，工具化运营恰好是各取所需。

无独有偶，秋叶大叔运营分答也是把分答作为自己的微信菜单项，引导读者通过分答和自己进行更深一步的交流，加强和粉丝的连接。我们也是把分答当作一种工具来使用，并不希望在分答里维护一个活跃的社区。

这种社区运营功能我们在微信群、QQ群里实现就好，为什么一定要加上一个分答社区呢？

姬十三也认为，分答一类是偏内容层面的回答，比如生活、职场话题等，一类是专业的咨询服务，还有一类是分答被作为公众号工具成为沟通渠道，再有一类就是明星八卦，能起到吸引新用户关注的作用。可见分答也在寻找更多的适用场景，当把自己当作基础设施工具嵌进海量的公众号中，分答就能有更顽强的生命力。这也将是分答能提供给用户的价值。

分答会昙花一现吗

任何产品都有其生命周期，不可能长盛不衰，分答也不例外。但我们判断一个产品是否会昙花一现，首先得考虑它是否符合时代发展的大趋势。

我们坚定地认为，尊重知识产权，为有价值的知识服务付费是未来中国经济转型为创新型国家的必然趋势。

从知识服务领域分析，无非是知识分享、知识出版、知识培训、知识产权、知识工具平台五个领域的服务。

在知识出版领域，目前国内做得非常成功的团队是罗辑思维；在知识培训领域，本文作者秋叶大叔的职场新人技能培训也算是在一个细分市场成功的实例。那么我们认为知识分享领域，从果壳到在行再到分答，姬十三的团队走出了一条可持续发展的道路。

姬十三创办的松鼠科学会更像是一个科普俱乐部，果壳网是一个内容社区，而在行和分答则是提供服务的平台。无论是分答上的"答主"，还是在行上的"行家"，姬十三都把他们称为"知识服务者"。

作为一名知识服务者，如何利用自己的专长赚取回报，在互联网上一直是一个难题。靠专业写作，流量有限，很难通过广告变现。对大部分知识工作者而言，赞赏收入也是杯水车薪。

过去有付费文字的问答产品，但文字产品很容易被截屏或者复制，也很难设置偷听这样的付费传播机制，但音频能突破文字的限制。语音使对话更亲密，更定向，更像服务。

文字不太像内容服务，更偏向于内容分享层面。姬十三说："比如我回答你的问题，我会说'你好'，就变成我对你的服务了，因此语音使人的付费意愿提高了。这个事情就不像原来的文字问答社区，而更像是知识服务了。"

说到语音内容产品的创业，过去都是做喜马拉雅、蜻蜓这样的节目内容平台，特点是内容要栏目化，运营要品牌化，等于是把传统的电台搬到互联网上竞争。但分答创造了一种新的声音媒体，不是先做内容栏目，而是让有影响力的人通过粉丝提问创造微语音内容，然后借助名人的影响力传播和创造更大的价值。

这是一个有趣的模式，它抓住了移动端碎片化阅读的趋势，能让专业工作者和读者建立直接沟通的方式，还能持续扩散个人品牌的影响力，这就创造了一种新玩法。

我们认为这种玩法是有生命力的。作为一名分答答主，秋叶老师个人的分答收入在前两周是不高的，因为他不知道如何运营，活跃度也不高。6月，秋叶老师将分答账号和自己的微信公众号"秋叶大叔"、微信服务号"秋夜青语"绑定，加上屡次被分答官方推荐，秋叶老师的分答基本上每晚睡后收入可达500元。这个收入对很多城市工薪阶层而言，是一笔不小的收入。

认真运营一段时间后，秋叶老师的分答账号积累了一定忠实的订阅者。所以，即便分答遭遇了长时间的宕机，在回归之后，秋叶老师的日收入又很快恢复到原来的水平，达到每天300～500元。

我们认为用心持续运营的知识工作者，会发现分答这样的碎片化知识分享工具，会成为自己碎片化时间非常好的变现工具。作为本书作者，我是非常支持分答这样的工具不断完善并发展壮大下去的，我看好分答的发展。

无独有偶，很多分答答主也有和作者一样的看法。在本书第七章，你们可以看到更多优质答主对分答的看法。

当然，一个产品诞生的那一刻，它提供的价值是否被用户认可，切中的是用户的真实需求还是臆想，最终都是需要市场来检验的。

1.6　从分答到分答小讲

2017年1月23日，分答悄悄上线分答小讲。

这对分答平台而言是一次重大的转型。和之前推出的讨论、快问功能不一样的是，小讲已经不再是一个问答产品，而是一个微课，这也就意味着分答把自己的定位从问答服务延伸到了语音微课服务。而讨论是一群人就一个话题用语音发表自己的看法，可以免费偷听，快问是一个人匿名悬赏发布自己的问题，一群人去回答，最好的回复会得到悬赏，这两个功能都是分答问答功能在不同场景下的延伸，本质上还是问答产品。但分答小讲是邀请专业人士就某个主题进行一系列结构化的语音讲授，整体打包作为一个产品出售，这就是一个语音微课。

相比碎片化、发散的语音问答，小讲的内容更结构化，更系统，更有收听价值，加上讲师愿意投入精力和付费收听者互动，这就让分答演化出了一个在线语音微课平台。

专业人士发布的小讲总长一般在20~40分钟之间，围绕一个热点话题展开，分多个章节，每个章节下有多条短语音，购买小讲的听众可以在课程页面提问并得到主讲者的回复。

职场人士如何从年薪30w到100w？

科学家种太阳 | 中科院心理硕士·产品副总裁·注会

⊙ 37分钟语音　　主讲答疑　　社群交流

简介　　　　　　　　　　　5916人参加

年薪从30w变为100w，绝大多数人会觉得要经历五年、十年甚至更长的时间，但我自己从年薪30w到100w，只用了2年多。这个小讲，就是要提供一些经验和教训，教你如何从年薪30w的职场老手进阶到年薪100w的职场高手。

⊙ 试听　　　　　　¥8.90 参加

讲单

｜序言

[试听] 你为什么需要听这个小讲？　　▷ 1:35

[试听] 为什么是 30W？ 为什么是 100W？　▷ 1:43

｜不要像"新人"一样加班

为什么会存在加班这种事？　　▷ 1:57

你是为什么在加班？　　　　　▷ 2:58

应该为什么而加班？　　　　　▷ 2:20

怎么样少加班？　　　　　　　▷ 3:58

⊙ 试听　　　　　　¥8.90 参加

小讲圈 1天前主讲回复

科学家种太阳（主讲）

哈喽，你跳槽的时候纠结过吗？当时是为什么纠结呢？后来的选择如何？现在回头看，觉得决策满意吗？说出你的故事吧，小伙伴～

29天前　　　　　　　23 ♥

徐迅达：听了您的分享，很有收获，谢谢。

科学家种太阳（主讲）回复**徐迅达**：有用就好。另外做好被别人说"水军"的准备。

查看22条讨论 ＞

⊙ 试听　　　　　　¥8.90 参加

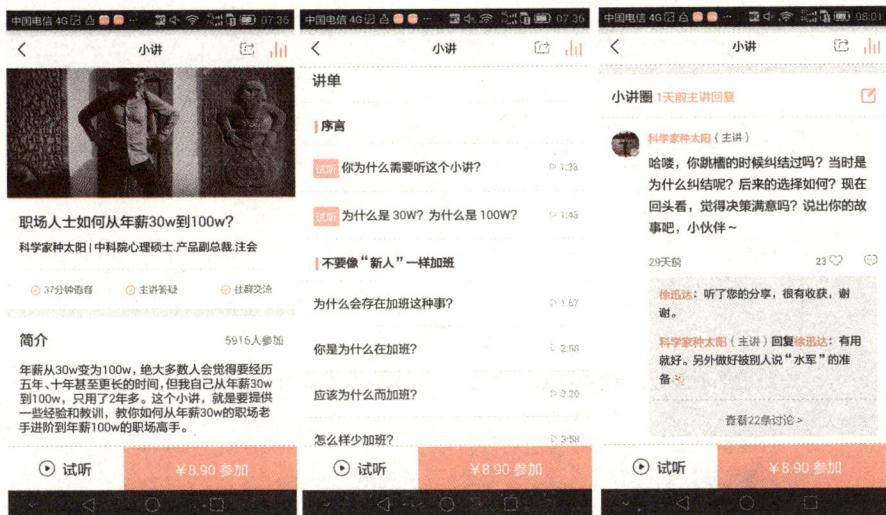

　　小讲系列产品发布对分答意义重大，这不简单是推出一个新收费项目，而是意味着分答开始打造稳定的现金流产品。

　　分答提问收入其实90%都集中在优质答主，这些优质答主就构成了分答的头部市场。头部答主往往是时间资源最紧张的人，一旦忙起来就无暇兼顾分答的提问，这样也就导致提问和偷听收入不稳定。另外头部答主也是各大知识付费内容平台全力争夺的对象，一旦由于种种原因流失也会导致分答平台竞争力下降。

　　推出分答小讲首先为优质答主提供了多元化变现的可能，有了回报就能刺激优质答主进一步投入，一个优质答主在一个平台上投入的精力越多，在这个平台上稳定发展的概率越大，对平台后续运营非常有影响，与其说分答小讲是对直接竞争对手知乎Live微课模式的回应，还不如说另一个声音付费对手喜马拉雅FM推出的喜课平台启发了分答。

　　分答小讲的内容相比碎片化问答更有收听价值，而且打包后的语音单价上比偷听同等时长的语音更实惠，还能得到与作者互动交流的机会，这样的产品才具备长销的潜力。这对分答平台获得稳定的现金流意义重大。不像分答偷听，一天有多少人提问，一个问题偷听收入到底有多少，很难精确预测，即便发现了优质问答，也很难进行长期展示推广，毕竟这只是一个碎片化的问题。而分答小讲系列微课出现，恰好解决了这个难题。

成功推出分答小讲后，分答首页迅速进行调整，内容页面开始像分答小讲倾斜。2017年2月，分答的首页频道重点是收听、小讲和讨论。

我们可以注意到，分答现在的首页运营策略是分答引流，小讲变现。在首页头条话题都是免费推送，吸引和培育提问和偷听习惯人群。然后在首页头条问答下，马上就是付费小讲滚动页面，让问答人群向小讲学员转化。

数据也显示，推出分答小讲后，入驻的知识达人的课程在很短时间内，少则几百人购买，多则上万人购买，显示了远远超出单个提问的扩散能量，而且这些内容可以持续运营。分答首页也因此专门推出了小讲频道。

一个可以印证的数据是，分答对标的喜马拉雅FM的喜课，在2016年推出后，短短半年借助流量资源，销售额累计破亿，2017年一开年，喜课日均销售可以突破百万收入，这对分答而言是一个巨大的刺激。

在付费知识市场上，谁的产品离用户学习刚需越近，谁离钱越近。

1.7　知识经济意味着什么

很多人可能没有意识到，分答作为一款热起来的互联网产品，在作者印象中，是第一款让很多有知识积累的专业人士赚到钱，而不是让营销先赚到钱的产品。

这是一个很重要的趋势，甚至是被很多人忽略的关键。知识型IP的时代正在来临，从在行到分答，基于优质内容进行创业的机遇，才刚刚开始。

分答刷屏之后，让很多业内人士看到了知识变现的光明未来。在行自己的微信号也颇为自信地提出口号：你睡了，你的问题还在为你赚钱！

在线知识付费的时代到了

不仅仅是分答，知识服务也在各个领域整体升温：

网易云课堂主打付费知识的培训，以秋叶PPT职场技能课程为代表的付费学员超过5万人；

罗辑思维得到App推出付费阅读的产品《李翔商业内参》，推出一周超过5万人订阅；

　　米未传媒旗下的米果文化在喜马拉雅电台推出《好好说话》付费音频的学习产品，首日吸金500万。

　　而分答让你走在路上，过去可以回复一条语音，但是今天你不仅可以回复一条语音，还能让这条语音产生价值，它能让所有付出碎片时间的人直接看到产生回报的可能。

　　分答能让碎片时间的价值得到有效的开发。

　　对于真正的一线名人，他的碎片时间可以成为和粉丝建立互动的渠道；

　　对于优质的专业顾问，他的碎片时间可以成为和读者建立交流的渠道；

　　对于普通的草根网友，他的碎片时间可连接所有人并借传播获得收益。

　　不过，分答能够形成热潮，我们认为更深刻的原因是，微信红包这样的产品催化了社交行为中的小额赞赏的行为模式。越来越多的用户愿意为优质内容付出小额消费，比如微信图文的赞赏、简书博客的打赏、微博的付费阅读、分答的偷听，这些产品背后都对应了一个趋势，就是越来越多的人习惯为自己喜欢的内容做小额打赏。

　　这也就意味着越来越多的人被培养出为在线的知识付费的习惯，这在原来是完全没有的行为模式。传统上，人们只愿意为线下的讲座、培训、课程、图书、咨询等服务付费，但是在线上，大家更喜欢享受免费的服务。

　　只要消费者愿意为在线知识付费，就会慢慢分化出愿意为优质的知识服务付出合理价格的用户群，从而创造出新的市场需求，我们可以把这一类市场需求称为"知识经济"。

分答为优质内容变现提供平台

　　仅仅是有需求还不够，有内容也不够，我们还需要一个让内容变现的平台。

网易云课堂这样的在线教育平台，给教育内容的创造者提供了变现的平台；罗辑思维得到App给媒体内容的创造者提供了变现的平台；喜马拉雅FM给擅长声音的内容创造者提供了变现的平台；而在行+分答为专业领域的知识工作者提供了变现的平台。

无非是有的平台更擅长为系统内容的服务变现，有的平台更擅长让碎片内容变现。

这就是分答这样的平台提供的价值，让一部分愿意为优质内容付费的消费者获得内容，帮助优质内容变现。

通过偷听机制，分答还摸索到了一种分享经济的可能。分享经济不仅仅可以分享实体的房子、车子，还可以分享信息、分享知识，这是分享经济下新的消费行为。

我们要认识到，正是新一代人群消费模式的变化，结合移动互联网的社交传播，才让付费语音、付费内容、付费课程这样的创业项目成为可能。

分答成功融资后，姬十三接受采访时，谈到分答的逻辑，他说："在行创业之初，我们就给自己定下了三大原则，这是我们对整个未来的认识和信仰。第一条叫作以人为核心，人是未来最大的商业模式；第二条是交易及社区，先做交易，有了交易再去搭建社区，让每一次的交易行为变成一种社区；第三条是知识及服务，知识看起来是知识，它背后隐藏的其实是一种服务，也就是让知识服务变现。从这三个原则出发，我们就会发现场景形式是次要的，在行与分答只是衍生。"

我们认为，如果内容创造者自己打造出鲜明的个人IP，再结合社群运营，选对变现平台，就有可能在这个时代迎来做爆款产品的机会。

我们深信，未来不仅仅会有分答，还会有更多的内容创造者和付费分享平台闪闪发光。

分谷

2

如何从零到一开通账户

2.1　他们为什么要开通账户

我们经过观察，发现越来越多类型的人群或单位开始考虑利用分答平台。我们把开通分答的人群分为普通人、专业人士、明星名人、公司机构、政府机构五类。

下面我们逐一分析这些人群开通分答的目的和价值。

普通人

普通人开通分答，大部分是因为好奇，想通过分答向名人提问，获得接触名人的机会；或者通过分答向专业人士请教，答疑解惑；也有想通过偷听机制赚一点外快的人。

但也有一些普通人，注意到分答是打造个人专业品牌的一个新渠道，通过答疑可以丰富自己的知识、积累粉丝，顺便还能赚一点小钱，这种边赚钱边积累粉丝的运营模式在微博、微信平台上是很难想象的。

林公子是一名2016年毕业的普通本科生，分答上线后，爱尝试新产品的她也开通了自己的分答，并认真研究这个平台。作为答主，她开始在微信公众号添加分答菜单，在朋友圈里扩散分答提问，在自己的原创文章中添加自己的分答二维码信息，努力吸引自己的粉丝关注和提问。

作为提问者，她不断琢磨如何提出一个好问题，如何传播扩散自己的问题，并把自己的经验总结出套路写成文章，这些文章引起了秋叶老师的注意，成为本书的合作者。

林公子，作为一个普通人，这就是一个极好的通过分答打造个人品牌的事例。借助分答平台的红利，她挣到的可不只是一点点零花钱，喜欢她答疑的收听者，现在已经组建了一个微信群，经营的个人品牌似乎一步步变得清晰起来。

二维码　编辑

林公子🌙
公众号MoonAndSixpence

211本科，985双学位，匹兹堡访问学生，现纽约实习。聊：国内外恋爱交友、学习考证等所有大学问题一站式解决！情感电台主播，摇滚民谣迷妹，声音像唱歌儿一样，要和我聊聊人生吗？想要随时聊？去我公众号！

向我提问需要支付￥2.8，不接受追问
223人收听　总收入￥1861.9，总收益￥1675.71
收入90%归你，每夜自动领取，入库微信钱包

专业人士

专业人士开通分答可以利用自己的专业知识为更多人提供服务，帮助有需要的人解决问题，同时可以积累自己的粉丝，还能利用碎片时间获得收入。

像汽车领域的行家韩路，入驻分答不到三个月，就有很多车主向他请教汽车保养维修等问题，凭借241个问题就获得了8000多元的收入。

像美容护肤健康领域的答主kenjijoel，借助自己图书的影响力，也得到了很多粉丝的提问。三个月内凭借572个问题得到了11477元的收入。

更让人吃惊的是房地产行业的答主尹香武，定价涨到了598元，但依然不乏有人提问。看来房子就是普通人一辈子的投资，舍得请教高人。

他只用了192个问题就获得了89808元的收入，还收获了2000名收听粉丝，这一切他只花了不到3个月的时间。

如果你是作家，有忠实的读者群，那么分答是一个很好的与粉丝互动的平台。作家答主七堇年回复了254个问题，其中大都是粉丝表达对其喜爱、敬佩之情，希望了解更多有关作者、作品和创作的问题。作家不再仅仅是通过文字与粉丝进行交流，更可以利用分答这个便捷的平台直接语音，与读者一对一聊天式沟通，说不定还能获得写作灵感。你们说，未来会不会有很多作家把自己的精彩分答答疑的二维码放到自己的图书作品中？

只要你有特长，就可以成为好答主。比如专业关注娱乐圈的答主"孟大明白"，近4万人关注，三个月内靠386个问题轻松带来21705元的收入，看来想偷听明星八卦的人就是多。

← 返回 关闭 分答 - 付费语音问答 - 七堇年 ···

七堇年
作家

只想做一位黄昏收集者。知止，任真。

作家　　　　　　1244人收听　🎧收听

向七堇年提问，等Ta语音回答；超过48小时未回答，将按支付路径全额退款。被回答后可免费向Ta追问。
0/60

☑ 公开提问，答案每被偷听1次，你从中分成￥0.5 ⓘ

￥7

写好了

回答了254个问题·总收入3863.5元　　刷新 | 默认

你听过的最深情的一句话是什么？
￥7

🔊 1元偷偷听　　29"

热门　　收听　　找人　　我的

← 返回 关闭 分答 - 付费语音问答 - 七堇年 ···

初高中时读你的书，还曾梦想去你到过的某个村庄看一看，慢慢长大心情不一样了，就不怎么读了。你对青春慢慢溜走有怎样的感叹呢？
￥7

🔊 1元偷偷听　　41"

6天前　　　　　　　　　　　听过 29 👍 0

你认为一个好的故事的开头，应该具备哪些特征？
￥7

🔊 1元偷偷听　　55"

2个月前　　　　　　　　　　听过 15 👍 0

大多数作家都有良好的作息习惯，这句话你也是认可的。能不能透露你在生活中的受用小习惯、固执，或者怪癖？
￥7

🔊 1元偷偷听　　28"

热门　　收听　　找人　　我的

← 返回 关闭 分答 - 付费语音问答 - 孟大明白 ···

孟大明白
骨灰级娱记，旅游爱好者

媒体、娱乐、文学、情感、八卦、旅游…… 什么都略知一二，什么都浅尝辄止，不回答会得罪人的八卦哈

媒体　　　　　　38675人收听　🎧已收听

向孟大明白提问，等Ta语音回答；超过48小时未回答，将按支付路径全额退款。被回答后可免费向Ta追问。
0/60

☑ 公开提问，答案每被偷听1次，你从中分成￥0.5 ⓘ

￥50

写好了

回答了386个问题·总收入21705.47元　　刷新 | 默认

我弟弟的网瘾非常大，怎么样才能正确引导他？谢谢！
￥50

热门　　收听　　找人　　我的

← 返回 关闭 分答 - 付费语音问答 - 孟大明白 ···

你接触过的明星里，谁最有才华呢？谁最有喜剧潜质？谁最文艺范呢？
￥50

🔊 1元偷偷听　　58"

2天前　　　　　　　　　　听过 13 👍 1

像郑爽这样的姑娘是性格有问题，还是娱乐圈容不下单纯的人？
￥28

🔊 1元偷偷听　　58"

2个月前　　　　　　　　　听过 183 👍 0

有些明星负面消息容易公关下来，比如压报道、删微信公众号文章等，怎么做到的？"团队厉害"是怎么个厉害法？
￥28

🔊 1元偷偷听　　58"

2个月前　　　　　　　　　听过 107 👍 0

热门　　收听　　找人　　我的

看了这些不同行业分答答主的事例，我想很多专业人士都会仔细思考一下分答对专业人士的价值和意义。

对于专业人士，分答的优质提问也是写作的灵感。像秋叶老师发现很多人在分答问如何做PPT赚钱，这诱发他写了一篇《PPT做得好的人，到底是怎样赚钱的？》的微信公众号文章，一推出来，阅读量就超过3万，还带来很多分答的新提问。

像协和张羽一直想写一本大家最关心的话题的医疗书，也在一直寻找大众最关心的医疗话题。而在分答上，提问最多和偷听最多的问题自然就是大众最关心的话题，分答无意中帮她解决了选材的难题。

名人明星

名人、明星开通分答，更在意的是赶潮流，因为分答提供了与粉丝真人语音互动的平台。抢先在平台上入驻，也可以借助分答热潮进行一轮免费的个人品牌宣传，而且作为明星答主的粉丝，能付费问你一个问题，还能听到明星对提问者的专属回答，也是一种独特的体验。

像本书的合作者林公子，一看到自己喜欢的歌手左小祖咒开了分答，马上就跑去问了他一个问题，就是为了听他亲自回复，要知道，左小的定价是500元啊！

像章子怡的分答，定价2929元，但这么高的定价也拦不住粉丝提问的热情。章子怡只回答了45个问题，但这在明星答主里面已经算非常活跃的了，近16万的收入对章子怡来说只能算零花钱，但是我们注意到章子怡通过分答显示了自己做妈妈温柔的一面，这对她个人形象的塑造显然有很大的好处。

被章子怡回复的粉丝肯定不会吝惜这2929元的投入，反而会有一种亲自被偶像回复的幸福感。再说了，像章子怡这样的名人，随便回复一个问题都有上千个偷听，成本多少还是能收回不少的。

公司机构

值得注意的是，有些嗅觉灵敏的公司机构也开通了分答账号，像教育培训机构外研社就开通了分答机构答主。

机构答主开通分答账户往往是更好地为自己的潜在学员提供服务，宣传产品，借助这种服务模式为自己的产品和服务导流，而不是去盈利。

所以，机构答主往往定价很低，但是如果回复精彩的话，一样会有偷听收入，一样有扩散效应。

我们认为对于健康、教育、培训、咨询机构，机构分答和自己的机构微信

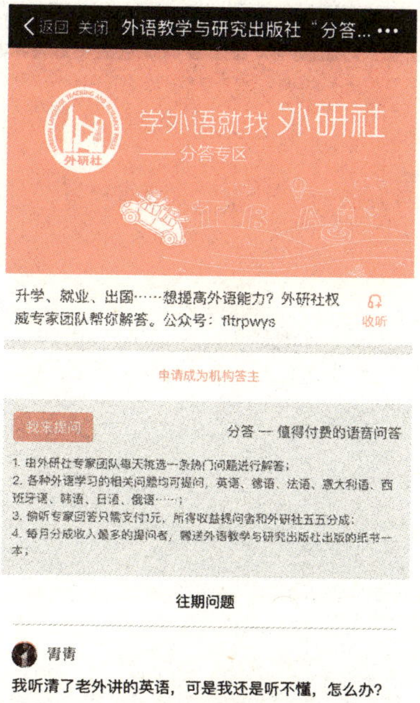

返回 关闭 外语教学与研究出版社“分答...
学外语就找 外研社
—— 分答专区
升学、就业、出国……想提高外语能力？外研社权威专家团队帮你解答。公众号：fltrpwys
收听
申请成为机构答主
我来提问
分答 —— 值得付费的语音问答
1. 由外研社专家团队每天挑选一条热门问题进行解答；
2. 各种外语学习的相关问题均可提问，英语、德语、法语、意大利语、西班牙语、韩语、日语、俄语……；
3. 偷听专家回答只需支付1元，所得收益提问者和外研社五五分成；
4. 每月分成收入最多的提问者，赠送外语教学与研究出版社出版的纸书一本；
往期问题
青青
我听清了老外讲的英语，可是我还是听不懂，怎么办？

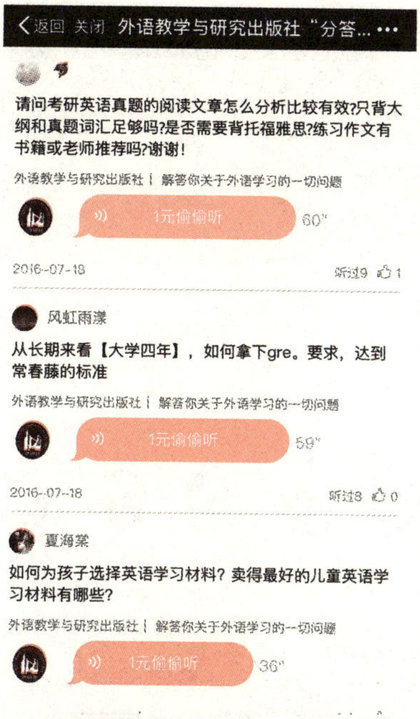

返回 关闭 外语教学与研究出版社“分答...
请问考研英语真题的阅读文章怎么分析比较有效?只背大纲和真题词汇足够吗?是否需要背托福雅思?练习作文有书籍或老师推荐吗?谢谢！
外语教学与研究出版社 | 解答你关于外语学习的一切问题
1元偷偷听 60"
2016-07-18 听过9 1
风虹雨濛
从长期来看【大学四年】，如何拿下gre。要求，达到常春藤的标准
外语教学与研究出版社 | 解答你关于外语学习的一切问题
1元偷偷听 59"
2016-07-18 听过8 0
夏海棠
如何为孩子选择英语学习材料？卖得最好的儿童英语学习材料有哪些？
外语教学与研究出版社 | 解答你关于外语学习的一切问题
1元偷偷听 36"

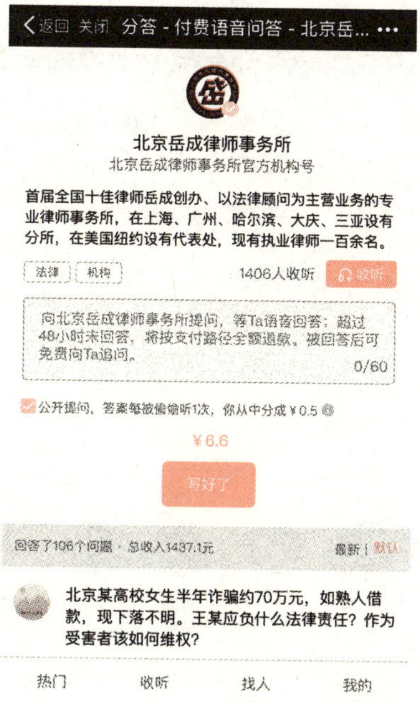

返回 关闭 分答 - 付费语音问答 - 北京岳...
北京岳成律师事务所
北京岳成律师事务所官方机构号
首届全国十佳律师岳成创办、以法律顾问为主营业务的专业律师事务所，在上海、广州、哈尔滨、大庆、三亚设有分所，在美国纽约设有代表处，现有执业律师一百余名。
法律 机构 1406人收听 收听
向北京岳成律师事务所提问，等Ta语音回答；超过48小时未回答，将按支付路径全额退款。被回答后可免费向Ta追问。
0/60
公开提问，答案每被偷偷听1次，你从中分成￥0.5
￥6.6
写好了
回答了106个问题 · 总收入1437.1元 最新 | 默认
北京某高校女生半年诈骗约70万元，如熟人借款，现下落不明。王某应负什么法律责任？作为受害者该如何维权？
热门 收听 找人 我的

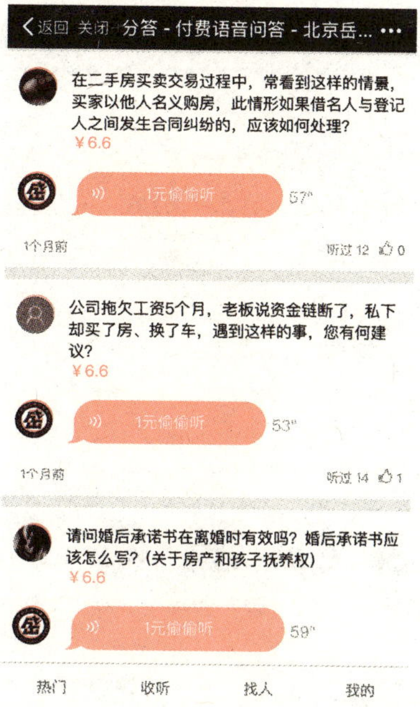

返回 关闭 分答 - 付费语音问答 - 北京岳...
在二手房买卖交易过程中，常看到这样的情景，买家以他人名义购房，此情形如果借名人与登记人之间发生合同纠纷的，应该如何处理？
￥6.6
1元偷偷听 57"
1个月前 听过 12 0
公司拖欠工资5个月，老板说资金链断了，私下却买了房、换了车，遇到这样的事，您有何建议？
￥6.6
1元偷偷听 53"
1个月前 听过 14 1
请问婚后承诺书在离婚时有效吗？婚后承诺书应该怎么写？(关于房产和孩子抚养权)
￥6.6
1元偷偷听 59"
热门 收听 找人 我的

世纪佳缘"分答"专区

勇敢爱
专属红娘爱情答疑
| 分答专区 |

我是你的专属红娘，解答爱情难题我最强！关于爱情，赶紧来问~

收听

答主　　　　　　　　　申请入驻

吴琳光　张亚红　钟金燕　沈樱　朱姝

我来提问　　　分答－值得付费的语音问答
1.我们会查看每日全部问题，挑选最专业的情感专家和金牌红娘回答您的问题

世纪佳缘"分答"专区

向世纪佳缘提问，等Ta语音回答；超过48小时未回答，将按支付路径全额退款
0/60

☑ 公开提问，答案每被偷听1次，你从中分成￥0.5

￥9.9

写好了

1.我们会查看每日全部问题，挑选最专业的情感专家和金牌红娘回答您的问题
2.为了给你最好的专属回复，请尽量完整描述自己的困惑

往期问题

天使雨露
两个人真心相爱，但是因为现实问题，家人反对、物质诱惑等等，无法走下去，是应该继续撑着还是接受现实分手？

世纪佳缘 | 世纪佳缘官方账号

)) 1元偷听　　52"

无讼办法"分答"专区

无讼办法
[分答法律咨询专区]

专业靠谱的法律咨询全在这里。"无讼办法"由中国顶尖法律专家社区"无讼"出品，提供最权威专业的法律咨询。

收听

答主　　　　　　　　　申请入驻

温少博Sanb...　古城　首阳～温律师　任鸿雁　费兴怡

我来提问　　　分答－值得付费的语音问答

简单心理"分答"专区

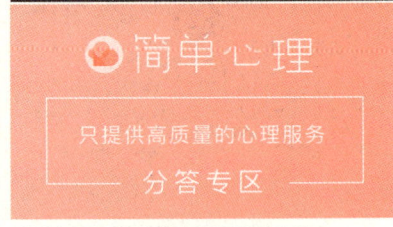

简单心理
只提供高质量的心理服务
分答专区

简单心理是专注于提供高质量心理服务的平台。这里回答关于简单心理的提问，以及关于心理咨询师成长、如何寻找心理帮助的小科普。

收听

答主　　　　　　　　　申请入驻

简里里　石头一样的猫　阁蔓　唐苏勒　问煜...

我来提问　　　分答－值得付费的语音问答

公众号结合一下，是值得考虑的运营模式。

很多知名企业已经开通了分答专区，对于知名企业入驻分答除了是品牌宣传和服务用户的一个渠道，更重要的是有的用户居然愿意为服务支付费用，这对很多产品型企业而言，是非常有价值的信息。

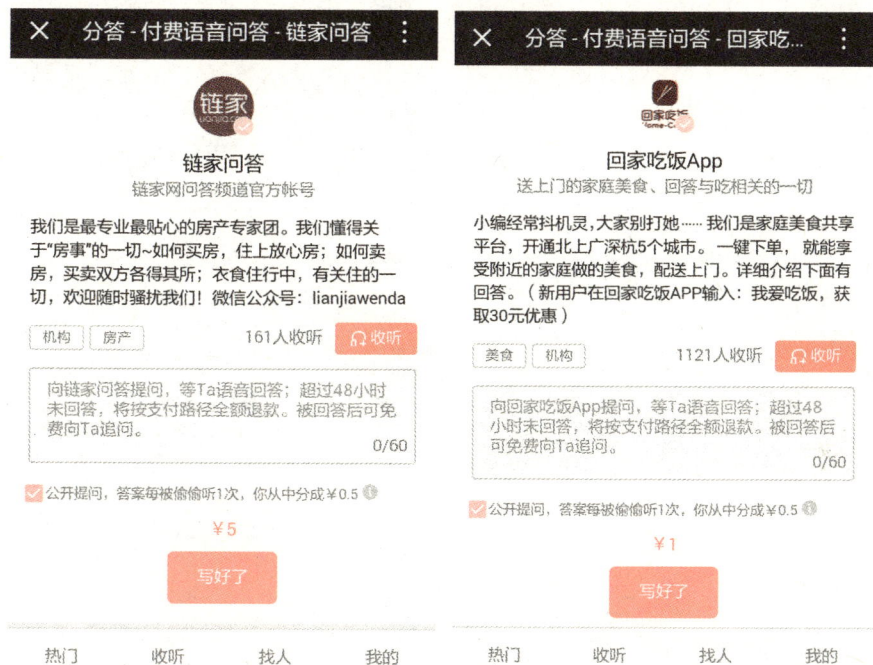

比如联想电脑，开通分答后，就有很多人咨询电脑装机问题，他们愿意支付这1元的费用换取联想优质的服务。而联想也提出了会努力让这1元变得更有价值的服务目标！

网络媒体

网络媒体往往整合了一大批有影响力的人，把这些人会聚在一起答疑是一个很好的策略，也给精准用户提供了更多的选择。

像科学松鼠会和36氪都已经入驻分答。

罗辑思维团队入驻分答后的玩法又有不同，他们一开始是每天精选一个好提问让罗振宇回复，现在开始邀请各路名人每人主持一天，回答自己感兴趣的问题。

让自己的分答平台也成为名人曝光的通道，而且罗辑思维非常醒目地标出往期分成Top3的提问者，这是明目张胆地诱惑你去挑战啊！

科学松鼠会"分答"专区

让科学流行起来!
科学松鼠会
SongShuhui.net

科学松鼠会是一家以推动科学传播行业发展为己任的非盈利组织,希望像松鼠一样,帮助公众剥开科学的坚果,分享科学的美妙。

🎧 收听

答主　　　　　　　　　　　申请入驻

Ent　　小庄　　姬十三　　薄三郎　　崔略商

我来提问　　　　　分答 - 值得付费的语音问答

提示:科学松鼠会现有成员119名,大家利用业余时间在这里回

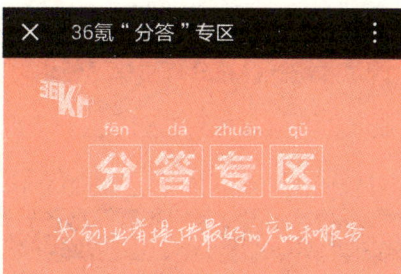

36氪"分答"专区

36Kr
fēn　dá　zhuān　qū
分 答 专 区
为创业者提供最好的产品和服务

关于36Kr媒体的任何问题,关于采访报道,如何能被成功报道、被快速翻牌子,如何挖掘项目的亮点,关于创业投资那些事儿的问题。

🎧 收听

申请成为机构答主

我来提问　　　　　分答 - 值得付费的语音问答

1. 36氪每天会筛选创业者朋友提出的问题,集合行业作者的专业知识,由采访小助手整合回答。
2. 请尽量提一些具体的问题,这样小助手才能给出比较精准的答案。
3. 欢迎将问题和答案进行分享,别人偷听你也可以赚钱哦~
4. 等我想到其他的规则再来补充吧~

罗辑思维"分答"专区

罗辑思维分答专区
问刘雪枫
此时此刻听什么?
带你一年听懂260首古典音乐

罗胖本周特邀著名古典音乐评论家刘雪枫为罗友解答,愿雪枫能为你扫清音乐路上的障碍,爱上生活,爱上古典音乐。

🎧 收听

 # 今日问题 #

depression

早上起床太痛苦,有没有什么曲子能一下子把人叫醒,音乐一响就能元气满满地起床,开启新的一天?

雪枫 | 音乐评论家,音乐鉴赏家,唱片收藏家。

))　1元偷偷听　　　60"

罗辑思维"分答"专区

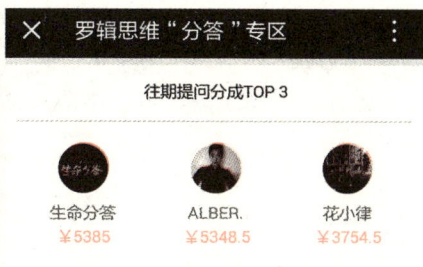

往期提问分成TOP 3

生命分答　　　ALBER.　　花小律
￥5385　　　￥5348.5　　￥3754.5

往期问题

喜乐

现在大数据这个概念已经快要烂大街了,不管啥企业啥行业都嚷嚷着要上大数据,您怎么看?以后到底该怎么做大数据呢?

王煜全 | 海银资本创始合伙人,全球科技前沿跟踪

))　1元偷听　　　56"

2016-07-24　　　　　　　听过266 👍 1

像马东的《奇葩说》团队也携电视媒体的东风入驻分答，带着《好好说话》的讲师团队，在分答享受了特别待遇。

他们的玩法是每天选一个人回复你的提问，但是和其他机构不一样的是，他们会显示回复者是哪一位答主，答疑收入也归答主本人所有。

政府机构

政府机构也可以开通分答机构服务号，为公众提供服务。

国资委新闻中心官方新媒体"国资小新"就是一个很好的实例。国资小新是众部委里的一个知名卡通形象，就国资监管政策、国企改革动向、央企发展动态、央企招标和招聘信息、央企人事调整、政务信息公开等问题与民众进行互动，让大众参与国资监督与管理，关注国企改革与发展。此前其微博、微信公众号、客户端已经积累了大量粉丝，入驻分答后也延续了卖萌、亲切的风格。

　　为了避免政府机构答疑还有收费效益的嫌疑，国资小新分答号还特意注明，"最低收费，用于公益"。

　　为了做好对提问者的服务，国资小新的回复可不是张口就答。很多问题他们会商量后答复，甚至请教有关专家和有关部门。他们还聘请了清华大学、复旦大学等学校的6位学者作为小新团队的分答专家，就国企改革发展、企业管理等理论层面的问题提供咨询。

　　而在国资委之后，又有若干央企将入驻分答。南方电网广州供电、航天科工、中智职业能力考试与发展中心等都已经开通分答。

　　值得注意的是，分答在2016年9月27日宕机归来后进行了改版，答主个人页已经不再显示其分答的总收入。本节实例了为给读者呈现直观而有力的说明，所选用的截图来自2016年7月23日。

2.2　四步教你马上开通账号

开通分答的流程非常简单。

第一步：关注分答的微信公众号（ID：zaihang360），关注后点击底端导航栏"分答"进入主页面。

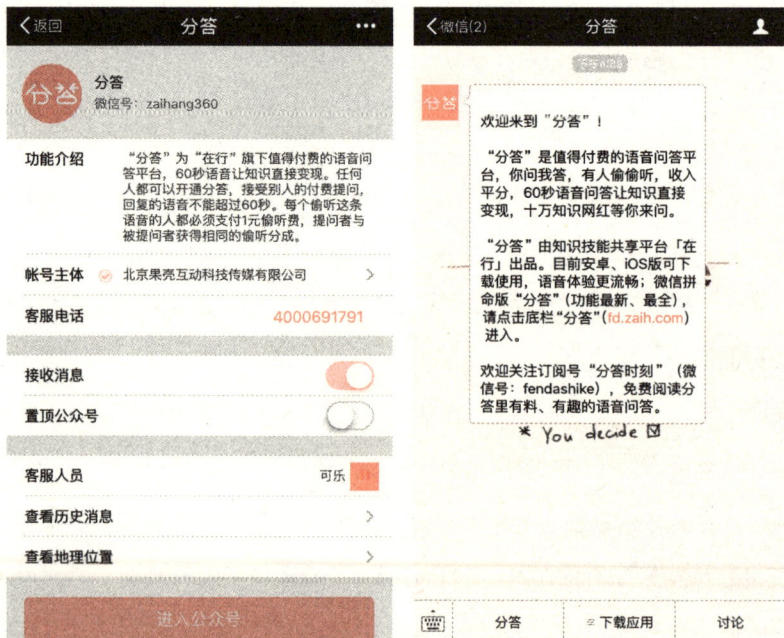

　　第二步，在分答主页面点击底部菜单栏"我的"页面，进入个人页面，点击中部红色框"开通我的分答"。

　　特别提醒一下名人或专业答主，在开通之前一定要检查自己的微信昵称和头像是否是你希望显示在分答里面的昵称和头像，否则需要修改你的微信昵称和头像。

　　第三步，在开通我的分答页面设置自己的头衔、简介、向我提问需要支付的价格、是否接受免费向我追问。完成后，再次点击"开通我的分答"，即完成开通。

　　注意系统默认接受免费向我追问，意味着别人可以免费向你追问一个问题，当然你收到追问也可以选择不回复。如果不希望收到问题追问，可以点击关闭。

　　第四步，点击页面右上角的三点水图标，把你的分答链接分享到朋友圈或微信群，请你的朋友关注并提出第一个付费提问。

✕ 分答 - 付费语音问答 ⋮

认证答主个人资料30天内只能修改一次哦

头像

昵称

秋叶 2/16

头衔

秋叶PPT创始人，秋夜青语志愿答疑者 18/18

简介

我是个老实人，只会老老实实回答你的问题，不搞怪，以秋式普通话。另外，需要我唱歌吗？一半分答收益自愿用于秋夜青语志愿队公益活动。 63/100

向我提问需要支付 12 元

✕ 分答 - 付费语音问答 ⋮

头衔

秋叶PPT创始人，秋夜青语志愿答疑者 18/18

简介

我是个老实人，只会老老实实回答你的问题，不搞怪，以秋式普通话。另外，需要我唱歌吗？一半分答收益自愿用于秋夜青语志愿队公益活动。 63/100

向我提问需要支付 12 元

接受免费向我追问 什么是追问？

保存

2.3　如何让你的账号更吸引人

如果你希望自己的分答账号吸引更多的人，就要为自己设置一个良好的个人形象。因为这就是你的专业微名片，它包括你所有向粉丝展示的部分——昵称和头像、头衔、个人简介等。

昵称和头像

如果你希望打造一个良好的网络形象，个人昵称和头像很重要。

如果你已经在互联网上有一定的影响力，最好将分答的昵称和头像与自己的网络品牌保持一致，比如与你的微信公众号、微博账号、简书账号、豆瓣账号等保持一致。

如果你是准备开始构建自己个人IP的普通网友，你要想好昵称，选好你的头像，最好把你在各个互联网平台上的昵称和头像一并更换，统一个人网络形象。这也是在互联网上打造个人形象非常重要的一点。

另外，我们建议专业答主最好用真人头像，这样可以增加你的公信力。

因为分答是基于微信开发的产品，不管是在微信公众号内开通分答账户，还是下载分答App，都避不开与微信账户直接关联。也就是说，你的微信头像和昵称默认就是你的分答账号的头像和昵称。

有的答主一开始可能没有注意这个问题，用私人微信号开通分答，但是带来的问题就是昵称与头像和自己对外的品牌形象不一致，导致别人在分答上搜索你的昵称，就无法找到你。

所以，我们提醒大家，在开通分答之前，务必注意一下自己当前的微信昵称和头像是否与自己希望在分答上建立的个人形象一致。如果不一致，就要先修改好微信的头像和昵称，然后再开通分答账号。

早期分答头像和名称不能修改，现在已经允许30天修改一次。

头　衔

一个人的头衔（Title）就是对其个人定位最简洁的一种描述。好的头衔描述让人一目了然你是做什么的，拥有哪方面的经验，是否为自己需要的"菜"。

比如，黄执中的头衔是"口语传播学讲师"；协和张羽的头衔是"协和副教授，著《只有医生知道1-3》"；女王C-cup的头衔是"性科普作者、心理咨询师、灵魂歌手"；汪峰的头衔是"歌者、创作者、FIIL耳机董事长"，冯仑的头衔是"万通集团主席"。

在分答上，你需要在18个字以内把你的个人标签清晰地呈现出来，让别人知道你是做什么的。

作为普通人，你可以用自己的工作头衔来体现你的专业素养，比如"某金融机构分析师，某4A广告公司文案"。

你可以用你的兴趣爱好来体现你的个人特色，比如"PPT设计爱好者、摄影爱好者"。

你可以用自己的作品来打开人们对你的认识，比如你的个人微信公众号、你的绘画、出版的图书等。

你甚至可以放上个人的槽点，比如女王C-cup的"灵魂歌手"、许岑的"美貌大王"、王大陆的"国民初恋"等。这样，大家更加会觉得你是一个有血有肉又有趣好玩的人，从而激发对你的兴趣。

个人简介

分答的个人简介要求在100个字以内，你需要简明扼要地说清楚你的履历、特质、擅长回答哪方面的问题等等。

下面，我们分享一些在分答上很受欢迎的答主头衔和个人简介，我们认为让别人通过短短几句话就意识到你是一个有趣有料的人很重要，毕竟谁都喜欢向有趣的人提问。

鹦鹉史航：标签"影视行家，话痨、自黑"，直接告诉粉丝曾在哪些领域的从业资历。

鹦鹉史航
"在行"影视类行家中收费最高的话痨

编剧经验二十年以上，策划经验十五年以上，嘉宾经验十年以上，主持经验五年以上，《奇葩说》辩手经验不到一年，在行行家经验不到半年。新浪微博上，我叫鹦鹉史航。

| 娱乐 | | 20027人收听 | 已收听 |

协和张羽：标签"协和医生"，突出自己的专业特长，并提供线上和线下的其他联系方式。

协和张羽

协和副教授，著《只有医生知道1~3》

18-80岁生殖健康一站式解决；主攻内异腺肌症；微信公共号：协和张羽；好大夫在线电话咨询：4008900120-1；协和国际部特约门诊：69156699；讲座：xiehezhangyu@163.com

| 健康 | 65682人收听 | ⌒ 已收听 |

采铜：标签"心理学作者"，强调自己擅长和不擅长的领域，并提供新媒体关注方式。

采铜

心理学人，《精进》作者

擅长回答阅读、学习、思维、心智成长、能力提升等方面的问题，但并不擅长回答心理病症、情感咨询类问题。出版《精进：如何成为一个很厉害的人》，微信公号"采铜的铜"，微博@崔翔宇__采铜

| 心理 | 8473人收听 | ⌒ 已收听 |

黄执中：标签"口语传播学讲师"，突出自己的专长。

黄执中
口语传播学讲师

我在《好好说话》等你 ▶

既是讲师，也是玩家，无聊时回答感情问题，喜欢并擅长辩论、说服、演讲、沟通。

娱乐　　　　　　65063人收听　🎧 已收听

Ayawawa：标签"畅销书作家"，强调走心，你可以先偷听一下。

ayawawa
畅销书作家，著有《完美关系的秘密》等

众多明星艺人的私人情感专家，咨询机构花镇董事长、百万畅销书作家……本平台收入将全部用作女性公益。在你问之前先花一点小钱把别人的听一下，也许不用问就能找到答案。

情感　　　　　　15752人收听　🎧 已收听

科学家种太阳：标签看"不懂心理学的段子手"，所以肯定是个理工男的程序员。

科学家种太阳
产品VP，CPA，段子手

表达欲强烈且看似逻辑自洽的言说者，脸大腿长，已婚不育。自我定位：不懂心理学的段子手，不是好的产品狗。

职场　　　　　　13598人收听　🎧 已收听

看到这些大V的自我介绍，你应该有所感触。其实，在分答上的自我介绍，核心就是一句话：让大家看到活生生的、真实好玩的你，这就是我们要做的。

2.4　为什么有人乐此不疲地提问

分答平台能否持续活跃下去，关键问题并不是是否有名人持续入驻，而是在分答上的普通人是否养成持续付费提问的习惯。

有支付需求的地方才能形成市场，否则就容易变成一次话题营销。

从分答内部提供的运营数据来看，在分答推出三个月后，截至7月15日，用户复购率依然很高。

为什么会有一批分答用户乐此不疲地去提问呢？

首先，是因为赚钱效应。

当普通人看到有人通过给答主提问，不仅问题被回复，而且问题的答案在扩散、传播中还能赚到钱，这个示范效应是很强的。

第一，因为普通人意识到分答不需要自己花费大量时间，而是可以利用碎片时间提问；第二，提问投入金额并不大，万一回答精彩在朋友圈或微信群里火了，既赚面子又赚里子；第三，假如问的问题的确是自己想咨询的，那么花小钱付费提问也是很多人可以接受的。

比如本书作者秋叶的很多分答提问者，提出的典型问题得到很多人共鸣，偷听的人很多，像下图的提问者"小鸟"，只用了24个小时，就收回了自己的提问成本，还赚到一点收入。新增收入自然会刺激提问者继续找优质答主问更多的问题。

而且目前分答答主个人页面推荐的问题是随机展示的，即便是你在很久以前发布的提问，都有可能被新关注答主的订阅者偷听。比如下图的提问，虽然是两个月前的提问，但也会随机出现在答主的个人首页，那么就有可能被新关注的订阅者偷听。

一旦被新关注的订阅者偷听，那么提问者就会获得分成收入，这个收入的提示信息会在当天晚上出现在答主的分答消息微信推送里面。

✕　分答 - 付费语音问答　　　　⋮

　　　　　　　　　　　　　　　　¥10

秋叶老师，制订好的生活规划一旦被中断就陷入严
重拖延症中，不敢去面对和解决，怎么办？

　　))　　　　点击播放　　　　　59″

2个月前　　　　　　　　　　听过154 👍 2

其中偷偷听154 分成收入¥77 ⓘ

结算通知
7月24日
恭喜你今日领取"分答"收益¥3.60，已自动入库
微信钱包
结算时间段：2016-07-24 22:30:01
总额：¥3.60
截至目前，你的"分答"总收入：¥1411.90。总收
益：¥1270.71，已领取：¥1270.71，待领取：
¥0.00。（收入90%归你，每夜领取，躺着获
得"睡"后收入～）

详情　　　　　　　　　　　　　　　　　＞

⌨　　　分答　　　≡ 下载应用　　　讨论

　　如上图所示，如果你的分答提示你很久以前提的一个问题居然帮你赚到了
钱，虽然收入不高，但是这种意外之财带来的惊喜会诱导一部分人继续提问，
这就实现了分答老用户的快速激活。

对使用分答的用户，每天晚上会收到一个如上图所示的结算通知，告诉你今日领取的收益。那么这个分答收入到底是怎样构成的呢？

分答总收入=答主回复提问的收入+偷听的收入+提问其他答主问题被偷听的收入+赞赏

分答净收入=分答总收入−平台分成（总收入的10%）

作为答主，我们可以通过一定的努力来提高自己分答的每日收益。如果你是有较高影响力的答主，账号订阅用户较多，粉丝黏度也比较高，那么你并不需要回答太多问题，粉丝就会去偷听你的回复。如果你的回答不错，粉丝自然会帮你扩散，这时你的收入主要来源于偷听扩散的分成。

如果你是普通答主，粉丝订阅量相对较少，而且粉丝未必会经常打开你的分答主页，你被提问的数量和被分享扩散的次数就会比较少。如果你要提高你的分答收入，就要主动请朋友来提问，主动扩散你的优质回复到朋友圈、微信群，或者植入微信公众号文章诱导偷听，提高你的偷听扩散分成。

在不同的日期，答主的收入可能会有大幅波动。收入波动一部分原因是当日提问数量变化和偷听数量变化带来的，一部分原因是答主的某个提问被分答首页推荐带来的。

如果你的提问出现在分答首页的推荐位，那么就意味着你的提问有可能会吸引更多人偷听；如果你的回复很有质量，就会吸引这些偷听者打开你的主页，继续偷听更多感兴趣的问题。从而大幅度提高你的个人收入。

所以，作为答主努力做出优质的回复，争取被分答首页推荐，是提高收入的一个好办法。当然，作为普通用户，努力提出优质的问题，争取被更多的人偷听，也是一个好的途径。

值得注意的一点是，分答似乎并不想用赚钱效应来吸引答主和提问者，更愿意走优质内容分享偷听传播的路线。在10月分答恢复运营后，分答答主页面上的收入信息，只能答主自己看到，别人无从知道了。

其次，是专业效应。

并不是每个人都对赚钱充满动力，更多人关心的是自己的问题和苦恼能否得到专业的回复。

分答为这些普通人请教名师提供了一个方便快捷的通道，这也是一种刚需。

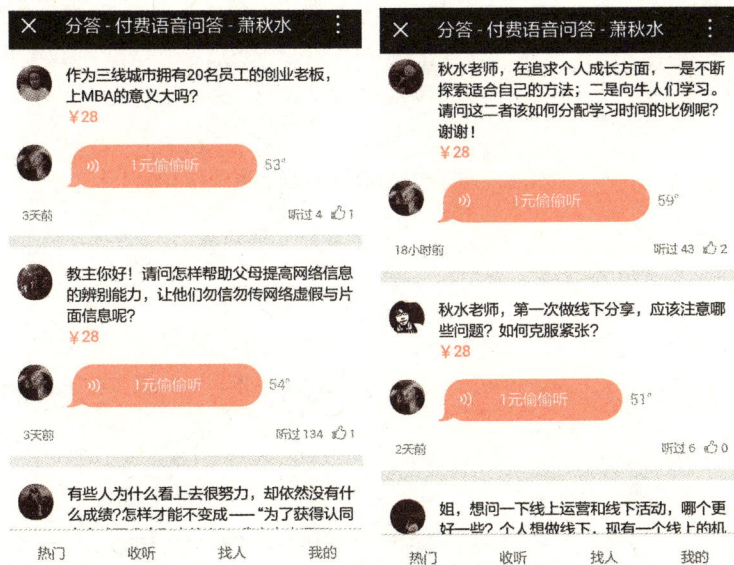

像上图的分答答主萧秋水，被网民爱称为"教主"。大家非常信任她对职场、成长、阅读、生活方面的鉴赏力和阅历，所以很多人遇到问题很自然地想请教秋水教主。

但是秋水教主每天也有自己的工作和生活，不可能有时间一一回应大家的提问，所以秋水教主对通过网络来咨询的问题，不管是微博、微信，还是分答，肯定有所取舍。

有了付费提问的分答平台，其实取舍的方法已经很简单，那就是优先回应付费提问的读者。显然，愿意付费的人更有诚意获得专业的回复，而且分答这种平台刚好又是可以利用碎片时间回答的载体。

分答不像微信，还需要专门打开后台看消息，再从多条消息里筛选后回复，这样会对专业答主精力消耗更大。

另外，分答的偷听和扩散的财富效应，对专业答主也是一种动力。只有好好回答问题，才能激发更多人提问和扩散，这也从客观上保证了回复的质量，因此会诱发更多的普通人向专业人士请教，这又提高了分答上很多人提问的持续动力。

再次，是真爱效应。

很多名人是有真爱粉的，如果这些粉丝有向偶像提问的机会，他们一定不愿意错过。

比如，本书作者林公子对盲人音乐人周云蓬的作品有很深的感情，他的很多歌林公子很喜欢。于是，林公子就自己的生活经历，问了他一个问题。

尽管提问后的偷听次数很少，但真爱是值得付费的，为自己喜欢的人打赏一次，也会让自己开心。

林公子 🌙   ¥20

蓬蓬，我在美国留学时在家放你的音乐，我的法国和美国室友都跟着一起唱！请问怎么让音乐作品朗朗上口、易于传颂又显得经典？

点击播放   60"

1个月前   听过 4 👍 1

其中偷偷听4 分成收入¥2

周云蓬 114/人收听
歌者写家旅行者，说、学、逗、唱一知半解。

最后，是社交效应。

我们一定不能忘记分答是紧紧绑定微信平台传播的，而微信又是目前最大的社交媒体，很多人第一次提问的对象恰恰是自己熟悉的人。

粉丝看到自己的偶像开通了分答，一定会主动去提问凑热闹。

更有趣的是，人往往以群分，在一个微信群里经常互动的人，如果彼此开了分答，都会通过关系圈持续提问，而且会互相分享彼此的提问。这种提问又会诱发更多的分答提问，变成了一个小圈子内部的一种社交游戏。

提问者王立登是秋叶大叔的小伙伴，他除了向秋叶大叔提问外，还主动向秋叶大叔的爱人（春花）和秋叶大叔的小伙伴（三水）提问。甚至在提问里故意带上秋叶大叔的好朋友王鹏程和古典老师的哏儿，然后等秋叶大叔回复后再发到微信群给熟悉的人看。因为在朋友圈和微信群，六小时内偷听是免费的。立登花钱提问，更多的是买欢乐给微信群的小伙伴们一起调侃。

✕ 分答 - 付费语音问答	⋮

萧秋水　　　　　　　¥28　已回答

我们认识十年了，你眼中的秋叶最大的三个缺点是什么？有什么坏事是别的男人不敢干而他一定有胆做的？

24天前　　　　　偷偷听 45　分成收入 ¥22.5

萧秋水　　　　　　　¥28　已回答

我们认识十年了，你眼中的秋叶最大的三个优点是什么？他和别的男人的最大区别是什么？

24天前　　　　　偷偷听 38　分成收入 ¥19

王立登　　　　　　　¥6.66　已回答

立登，你在分答提问大V总的体验是什么？你给他们风格怎样的评价？

24天前　　　　　偷偷听 15　分成收入 ¥7.5

苹果　　　　　　　　¥2.22　已回答

热门　　　收听　　　找人　　　我的

同样，秋叶大叔有空也会和好朋友互相恶搞、提问，然后分享到朋友圈，给小伙伴们调戏。如果在一个圈子的人都开始使用分答，有趣的分答提问就可以变成社交联系的润滑剂，这种社交效应就提高了普通人使用分答的意愿。

2.5　有哪些值得借鉴的提问定价策略

为自己的一分钟定价不难，难的是结合自己的网络品牌的运营策略，确定一个动态合理的价格。我们总结了在分答上定价的六种常见策略，希望能够帮助到你。

低开高走，逐步涨价

代表答主：协和张羽、于莺、协和老万、成都下水道、曹雪敏、顾中一、黄执中、妇产科医生王玉玲、萧秋水等。

其中，协和张羽、于莺、协和老万、成都下水道、顾中一、妇产科医生王玉玲这几位都是医疗健康领域的，曹雪敏是心理健康领域的，黄执中是"说话"教练，萧秋水是职场达人。

这类垂直领域的专家答主，为我们解决的是现实生活中常常会遇到的生理、心理和日常交际等方面的实际问题，大众的需求性较强，而且根据他们的精验能稳定地输出有价值的信息，为人们的问题和困惑提供良好的解决方案。

我们在日常生活中很难直接与这些大牛级的人物对话，而分答为我们提供了这样一个以较低的成本与领域内专家沟通的渠道，对认可这些专业人士的大众来说是非常有吸引力的。

比如，都市里大量工作繁忙的上班族，身体不舒服时常常觉得去医院既浪费时间又浪费金钱，通常不到撑不下去都觉得没有必要去医院。但在分答上花几十元、上百元听听专家的建议再决定下一步的行动，买来的不仅是安心，更是方便。

正因为这样的需求太普遍，这一类答主每天收到的问题会非常多。他们基本上都是全职工作者，只是利用碎片时间运营分答。

所以，涨价是他们控制提问量的好方法。

一开始利用低价吸引提问者，增加粉丝数量，借助好的回复传播自己的影响力。在快速积累大量粉丝和问题后，逐步提高定价。这样，一方面能有效控制提问的数量，避免投入过多时间运营分答；另一方面也是大众对自己专业知识认可的体现，进而提高个人收入。

讲到提价，也需要一定的策略，一次提高多少合适呢？多久提一次价合适呢？不同的领域、不同的影响力，答主选择的策略当然有所不同。

这里说一个实例，协和张羽一开始的分答提问价格是10元，逐步提高到30元，再涨价到58元、198元、338元、439元，直到目前的500元，她一共经历了18次调价。即便到了500元，还是有人向她提问。当然，她也会针对提问认真做案头工作，争取一分钟内给别人专业的回复和建议，所以定价500元依然能得到市场认可。

像知识管理专家萧秋水，她的提价策略是：每回答500道问题，就把价格上调一次。当她回复问题超过1000道以后，她把价格从18元提高到了28元。

低价策略，长期稳定

低价策略，长期稳定的代表答主有：不加V、鹦鹉史航、许岑、陈默、马薇薇、张泉灵、秋叶等。

这些答主的价格相比他们名气而言不算高，基本在百元以内。比如：不加V的提问价格是50元，鹦鹉史航38元，许岑33元，陈默28.28元，程青松66元，一毛不拔大师49.99元，秋叶12元。

这些答主知名度较高，有货有料又有才华，每天回复问题的数量也很多。像鹦鹉史航、不加V、秋叶等人，基本上采取的是有问必答的策略，几乎所有提问都得到了回答。

有人问鹦鹉史航为什么一直不涨价，是特别喜欢"38"这个数字吗？史航回复说："不涨价的原因是，我的乐趣不在于自己的价格上涨，而在于自己收听人数的上涨和回答问题的上涨。我觉得，单方面调价呢，就真是把自己当一个货在卖。随口定一个价格以后再也不改，证明你不是货物，不是在卖自己，或者即使是在卖自己，我对自己的认知也很清晰，不会一会儿把自己当高级海鲜，一会儿又把自己当过期发臭的海鲜。"并且他表示并没有涨价和打折的打算，不管人民币是涨价还是贬值。

本书作者职场达人秋叶老师也是坚持低价运营，他认为低价策略除了可以刺激提问者人数上涨外，还能方便提问者收回提问成本，甚至通过偷听获得收入回报。这样，不仅有助于问题的扩散和收听人数的增加，而且获得回报也是刺激很多提问者来提问的一个重要因素。如此，就形成了一个正向循环。

反复调价，任性定价

有一部分答主似乎很喜欢和定价较劲，价格一会儿高，一会儿低，我们先看两个例子。

让我们先来感受一下李淼的风格。他的定价一开始是5元，在分答开通短短3个月时间就有了24次调价，其间，最高价为49.99元，最低价为4元，最后一个月终将价格稳定在18元。他的价格变化如下：

5元—4.99元—7.99元—8.99元—12.22元—24.99元—19.98元—12.99元—49.99元—5元—14.99元—6.99元—5元—4.90元—9.99元—4元—5元—6元—8元—9元—10元—12元—15元—20元—18元。

再来看看答主好火药的做法，她一开始的定价是6元，然后逐渐上调到46.98元以后，又缓慢降价回落到19.89元，其间，用过的最低价格是1元，比较有趣的是她曾尝试22.22和33.33等数字。我猜如果是双11、双12的话，说不定她会用11.11或12.12呢。

不断试价是初期运营时可以尝试的策略。通过调整价格，观察粉丝提问数量的变化和自己收益情况的变化。

对答主来说，价格直接影响提问的数量，影响个人投入到答题的时间。同时，过高的定价也会影响粉丝对你的感受——粉丝从提问价格会直观感受到你是一个高冷、贪心的人，还是一个乐于和粉丝互动的人。

我们认为反复试价的策略不是一个好策略

首先，分答是一个新工具，用户数量还在增加过程中。在分答早期提问者数量还不够多，在提问者的习惯还不够稳定的情况下，通过反复调整定价的方式尝试找到合理的运营价格，本身就存在着偏差。

其次，虽然反复调整价格会找到一个适合自己的运营价位，但是对一部分关心你的粉丝而言，发现自己提问后你降价了，心理上多少会有些当了冤大头的感觉。

我们认为愿意向你付费提问的人都是真爱，让真爱看到你慢慢涨价，感觉超值比感觉当冤大头要好。当然，如果你的标签就是有个性、喜欢折腾，粉丝习惯你这种个性，任性也无妨。

或者你想结合不同的热点时间玩儿一些趣味定价，比如情人节定价2.14元，5月20日定价5.20元，元旦定价1.1元，这些都是给粉丝一个福利和惊喜的好运营模式。

高价不变，彰显地位

昆仑万维董事长周亚辉和经济学家郎咸平的定价相同，一直都是500元，未曾变化。万通集团董事长、投资人冯仑，最初的提问定价是100元，一个月后涨到了999元。

我想他们采取高定价的原因非常简单，他们都是非常有影响力和知名度的社会人士，非常忙，收入也很高，没有足够的时间回复大家的问题，也不会在意分答的收入。通过高定价可以拦住大量的提问者，要知道当提问者愿意付费提问，你却不愿意回复他的提问时，他还是有一点点儿的沮丧感的。

另外，对真正有影响力的人而言，高定价也是他们身份和社会地位的体现。

高位跳水，大幅降价

这种定价策略肯定是让人恨的。比如左小祖咒，他一开始任性地把提问价格设置在500元，保持了近一个月。当然也有人提问，就像林公子，花了500大洋，得到了一段36秒的回复。

林公子 🌙 ￥500

左爷，你觉得一个女人最性感的地方是哪里？

))) 点击播放 36"

9天前 113人偷偷听，0人呵呵

左小祖咒 907人收听
摇滚歌手/艺术家 〉

作为一个艺术界的知名人士，定500元我们认为无可厚非。但四周后，他突然毫无征兆地把价格改到了50元。

于是，真爱左小的宝宝们一下子就蒙了。有人不甘心，又问了左小一次："左老师，你为什么把提问改成50了啊，你让先前花了500的人情何以堪？"

左小是这样回答的："明天，价格或许会变成250。这个……股票的行情很不稳定，随时都有可能变成5000元或5万元，所以说，经常抽风啊，经常会抽风哟。"左小最后还卖了个萌，"经常会抽风哟"。所以，你们自己感受一下左爷的话锋："来，爷给你经常抽风哟……"

不得不说这是一个失败的定价例子。最开始提问的人在一定程度上是他最忠实的粉丝，500元的价格也拦不住对他的喜爱。但他不仅没有给真爱粉丝特别的福利，反而一下子把定价从500元降到50元。在别人看来，就是"坑了"他们一下。

在遇到粉丝质疑时，他也没有给出一个让人满意的答复，转移话题让人失望，有人说左小祖咒用的是"笨蛋定价法"。不过，或许这样也符合他令人捉摸不定的知名装逼艺术家的风格吧。

除了左小，小黄鸟（徐奇屾）的定价也是高开低走。

徐奇屾是一名尿毒症患者，但他非常乐观，也是一名业余科普作者。他说自己帮网友解决一些肾病问题，但他不是医生，最后都会建议患者去医院。最初他的定价是483元，而后改成了48.3元。为什么会突然价格跳水？他的解释是："价格现在是48.3元，因为老有人抱怨价格太高，就从一次透析钱改为十分之一次吧。"不过他的很多粉丝给他的提问就是一些祝愿的话，希望他乐观、祝他节日快乐等等。这也算是对他的一种鼓励吧。

如果降价有一个好的理由，大家还可以接受。但一次性降价太多，又没有合理的解释，很容易引起老粉丝的不满。试想一下，如果左小说调整定价到50元，并且今后所有答疑收入都用于某项公益活动，会不会让人感觉完全不同呢？

一线明星，超高定价

对于真正的一线名人明星，大都采取了超高定价的策略。

比如，让很多人开始知道分答的王思聪，他以每分钟3000元的价格在分答上"被抖搂"好多隐私。要知道分答一开始认证答主最高定价上限是500元，所以3000元一个提问的价格，是分答内部专门为其提供的。

名人的高价位其实就是一种身价的体现。王思聪不久后把自己的提问价格设置到了4999元，提问的人竟也从未间断过。至于王思聪本人，玩分答最主要是觉得这个平台有趣好玩，倒不会真的在意这个价格，毕竟王思聪作为分答的投资人之一想好好摸索一下这个平台，顺便推一把也是非常有必要的。

章子怡的提问定价一直是2929元，而汪峰的提问定价最初是500元，不久之后，汪峰将自己的定价改到了2929元。于是，有细心的粉丝问章子怡："你的每个提问收费是2929元，而汪峰的也是2929元！请问这是巧合吗？'2929'对你们有什么特别意义吗？"

章子怡大方作答："因为我的生日是2月9日，汪峰的生日是6月29日，所以'29'对我们俩来说都是个特别的数字。"原来如此，果然是在哪里都可以秀恩爱。

定价看似是一件小事，背后却也有着如此多的考量。选择哪一种定价方式，首先取决于你对自己的定位。如果你具备一定的影响力，且个人可支配在分答上的时间有限，就可以直接采用高定价；如果你的影响力有限，又想通过分答传播个人品牌，获得一定收入，还是先从低价起步比较合适。

有趣的是，很多人在不太想继续使用分答后，把分答价格调到了一个比较高的价位，然后没有再继续回答问题。比如王潇和天才小熊猫，前者将一个问题从9元提到了69元，后者从30元提到了200元。看起来，他们只是想在分答上为自己的一分钟时间留下一个标价。

普通人的分答怎么定价比较好

我们建议普通人一开始应该以较低的定价来吸引提问积攒人气，认认真真答疑，方便别人偷听获利。这样坚持一段时间，当你逐步被一部分人认可后，就会慢慢有一定的影响力，然后再考虑小幅涨价的策略。

我们有个小伙伴叫武超，他是正读二年级的研究生，也是北京在行上约见超过200单的牛人，但他做PPT的能力更多是小圈子内的人口碑相传，在普通大众心里还是缺乏足够的知名度。

一开始他定价10元，发现提问的人很少，他就主动下调价格到6.9元，提问的人就开始增加。后来为了激发提问，他干脆把价格下调到2.9元，甚至1元，果然提问的人更多了。7月他尝试把价格上调到29元，结果就一个提问的都没有。

本书作者林公子，一个普通的大学生。在开通分答后，她将自己的提问价格设置在6元，只有两个好朋友捧场，过后也无人问津。即使她在自己的微信公众号里推广也无济于事。

后来林公子主动把分答价格降到1.2元，加之秋叶大叔通过大学生答疑微信账号"秋夜青语"的推广，提问者一下子多了起来，有时候每天能回复十几个问题。在回复了一百四十多个问题后，粉丝人数达到200人，她将自己的分答价格提高到了2.8元，尽管提问数量少了一点儿，但相对来说回报率已经稳定下来，而且节约了很多精力。

普通人不要追求通过当答主获得高回报，可以追求提高提问的数量，给自己打上一个品牌的标签。想想看，如果你对外介绍自己的时候，来这样一句话：我在分答上回复过两百多个网友关于××方面的付费问题，别人看你的眼神会不会很不一样？

2.6 有哪些合理回复问题的策略

有问必回，有空就回

对于绝大部分答主，每天收到的提问数量不会太多，也就是3～5个。用一点时间认真回复别人的提问，扩大自己的影响力是合理的策略。即使不玩儿分答，我们的碎片时间也大都用在刷新闻、微博和朋友圈，不如解决一下别人的困惑，也顺势积累一下自己的经验。

很多答主认为，回答别人的提问既是智力上的享受，又有金钱上的回报，是一件很有意思的事情。比如鹦鹉史航曾表明回答问题是最大的享受，不管是什么问题。他说："我发微博、转微博、在微博跟人吵架都不挣钱，但在分答上我能挣到钱就挺好的。"

所以，你认为你的碎片时间足够，又有能力和兴趣回答问题，当然可以选择尽可能多回复提问。像萧秋水和秋叶老师也是这样的策略，只要有提问，就会回复，随时利用碎片时间来回复。

回复所有粉丝的问题，对答主还有一个额外的好处就是为粉丝提供了个性化的服务体验。这样会让粉丝更加愿意信赖答主，这也是加强和粉丝沟通的一个好办法。不过为了表现你回复的诚意，我们建议，如果回复不是特别出彩，尽量用足60秒的时间，否则粉丝会觉得你的回复很敷衍，会损害你的个人品牌。

另外友情提示一下，像2016年7月分答在首页推出了限时免费听的功能，加V答主的回复会随机限时出现在首页，给大家免费偷听。早上6点半到7点半，晚上9点以后是偷听的高峰期，所以尽量在这两个时间段回复，会得到很多免费曝光你的机会。如果答得好，会得到很多人的认可。

精选提问，精心回复

并不是所有的人都有足够的时间或者适合有问必答的策略，像明星总不能满足粉丝所有的八卦需求吧?

像协和医生张羽，她回复的问题明显是经过选择的。肯定是和她专业有关的问题才会回复，而且回复频率也比较稳定，平均每天1~2条，每次回复都认真准备。

"说话教练"黄执中也是这样，只会精选和说话有关的话题精心回复，不追求数量，更在意质量。

有人认为有提问就应该回复，不管怎样，至少会赚到提问的收入；有人却认为不挑选问题统统回复会损坏个人形象，同时也是对粉丝的不负责任。

偶尔回复，制造惊喜

这种策略似乎更适合一些大明星。

他们并不时常使用分答，但偶尔也会回答一条分答的提问。比如汪峰在三个月内回复了31个问题，其中30个问题都是前两个月内回复的，但7月18日他突然回复了一位粉丝的提问，我相信这位粉丝会非常惊喜。

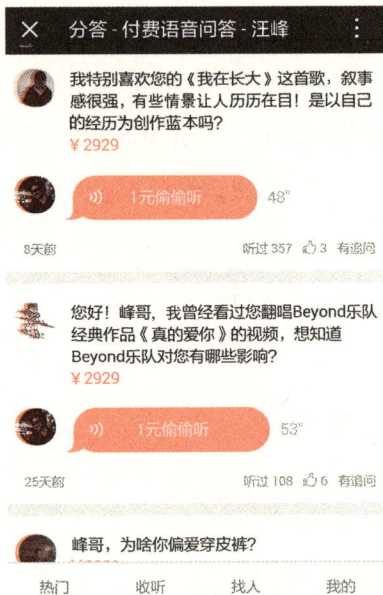

对于柳岩来说，每天的提问也非常多，她似乎会在有空的时候抽几个问题来回复一下。从大量提问中抽到你的问题并回复了，你有没有中奖的感觉？

居然还是回答这么有诱惑力的问题，怪不得那么多人喜欢柳岩，就柳岩回复的策略而言，我觉得在明星里面她表现得是非常有头脑的。

当然，哪种策略更适合你，选择权由你来掌控。

2.7　如何获得更愉悦的使用体验

下载分答App，使用更方便

分答有微信版，也有App版。相比App版，微信版分答注册门槛更低，只需要关注分答微信服务号账户取得授权，就可以开通。

但如果你不是每天有问题提示的话，或者有收入提示的话，你很难找到分答微信账户，并通过这个服务号入口进入分答提问。

微信端的分答入口较深，需要搜索才能找到分答这个服务号。如果你安装了分答App，你就可以随时通过App使用分答，这给用户带来更方便的选择。

而且，下载分答App还有以下优势：

1.录音更清晰

分答App录音比微信网页版更清晰，能帮助你产出更好的答案。

2.能修改头像

在分答App里编辑个人资料，点击自己的头像即可修改。

3.耳边悄悄听

怕听分答吵到旁边的人，或不想让别人知道你在听什么，用分答App就能实现耳边悄悄听。播放时把手机像打电话一样拿着靠近耳边，声音就会自动从外放切换到听筒播放的模式。

4. 播放能暂停

在分答App里，你能在播放答案时随意暂停，只要点一下录音条即可，再点一下则继续播放。如果你喜欢在听录音时做点笔记，你一定会爱上这个功能。

不过也要提醒大家，分答一些新功能往往优先在微信版本上体验，然后再慢慢移植到App上。

关注相关账号，获取最新的分答信息

分答是一个功能迭代非常快的产品，包括分答的运营，也许你拿到本书的时候分答功能就有了新的迭代。没关系，如果你有任何关于分答的困惑，可以关注分答上的"分答官方账号"@分答。在使用过程中有任何困惑，可以花1元钱提问分答君，还可以被偷听赚分成哦。

当然也可以关注分答创始人、果壳网CEO@姬十三，听听他对分答这款产品的原始想法和期待。

另外，在分答官方微信服务号（ID：zaihang360），这里会自动弹出有关你的用户提问通知和问题即将过期的提醒、答主回复通知或者退款通知、每日结算通知等等。方便答主关注最新消息、提醒答主在分答上的最新动态。下载请直接扫描下面的二维码：

此外，分答还推出了微信订阅号分答时刻（ID：fendashike），在这里会推送分答里一些有趣有料又长知识的语音回复。

　　从明星红人到专业大咖的分答回复，常常有彩蛋放出，值得关注。下载可

以直接扫描下面的二维码：

分谷

3

如何提出一个好问题

3.1　如何找到最值得提问的人

提问，本质是为了解决困惑和问题。

在分答上提问，你和答主进行一对一的沟通，还可以借助偷听机制发展出更多的玩法。分答的游戏规则中规定，如果有人付费1元选择"偷听"你的问题，这样提问者与回答者都可以得到0.5元的收入。因此，有人发觉提问竟然还可以用来赚钱。

笔者认为，由于分答的这种机制，提问者在提问之前必然会考虑：我提问这个问题能够回本吗？有些答主的定价很高，但是人气也很旺，问题被偷听的次数多，就能够回本；有些答主虽然提问价格很低，但是没有人偷听仍然回不了本。如果没有对答主特别偏好，我们自然是希望问题得到满意的回复，同时也希望提问能够回本。这样的答主，可以称作最值得提问的答主。

所以，很多普通人在分答上的第一个提问是：如何找到那些优质答主提问并获得回报？

哪些答主更值得你去提问

如何识别好的答主？我们可以用以下指标来做出理性判断：

指标1：活跃度

首先，我们要找到那些活跃的答主，因为活跃的答主才有可能回复你的问题。

我们评判活跃度的标准有两个，一是回复问题的总数量，二是近期回复问题的时间。一个答主回复问题的总数量越多，肯定就越活跃。

其次，可以去看他的最新回复是在什么时候。如果他最新的回复是在一个月前，很可能他最近都不玩儿分答了。如果是几个小时前，那么可以判定他是一个很活跃的答主。

如上图：萧秋水老师回复提问总数量很多，平均每天10条以上，说明向她提问被回复的概率很大，而且她在最近两小时和8小时内都有回复，说明你的提问很可能马上就会得到回复，因此，你完全可以试试向萧秋水老师提问。

再看萧秋水老师回答的问题数目，已经超过1000个。看到这样有问必答的答主，收听人数挺多（受欢迎），偷听次数不少（有回报），如果刚好提问价格不贵（回报率较高），那你就应该赶紧抓住机会问啊！

但有的答主可能新加入分答，或者只是早期活跃而近期不活跃，简单看提问的数量还不能说明他是否活跃。

那么，我们还是可以进入答主的最新页面，看看他最近回复问题的时间，就知道在最近三天内他有没有及时回复问题。如果发现答主最新回复问题的时间在一周之前，那么暂时不要向他提问。

不过对于不活跃的答主，有时候也可以试试运气。

像分答答主大冰，一个问题30元，大部分是超过100人偷听的问题。大冰定价不高，回本率挺高，而且他有10503人收听，回答了288个问题——活跃度也蛮高。唯一的缺点是，我们在写书时发现他最新的回复时间是1个月前，说明他最近并没有在分答上继续活跃。

那要不要提问？当然还是可以提问。因为对提问者来说，一个好问题，再多问一个人非常简单，如果对方不回复，提问者也没有损失，如果有回复那一定是赚到了，完全可以去试试运气。

另外要记住，只要对方没有取消对分答的关注，你的提问每天都有机会出现在答主微信信息流里面，有很大概率被注意到。

指标2：回报率

那么活跃度高的答主是否就值得提问呢？如果你追求偷听收入的话，那还得分析答主偷听的回报率。

提问价格和该答主每道问题的偷听次数，这两项可以判断出以往提问者的回本情况。

如果一位答主的提问价格是18元，那就去快速浏览一下他的回复中有多少个偷听量超过了36人的问题。

同时，观察一下他的大部分问题是有人偷听还是无人偷听，最高的偷听次数可以达到多少，偷听人数多的问题是爆款出现还是经常性的情况。

如果只是少部分问题爆款出现较高的偷听人次，很可能是因为这位答主把问题分享到朋友圈等传播扩散了。如果一位答主的回复经常被偷听，最高偷听次数也可观，那么这就是一个好的提问对象。

提问价格和偷听次数要结合来看，单独看一个可能会对你产生误导。比如，单独看提问价格，王思聪的定价非常高，大部分人就退却了，因为舍不得这个钱。可事实是，提问他的人大都已经赚到了钱，没赚到的也正在回本的路上。

看偷听次数也要综合考虑答题费用。有些答主可能一道问题只有三五个人偷听，甚至有些问题没有人偷听，于是你就觉得那肯定赚不到钱。可是他的定价非常低啊，像本书作者林公子最初的定价就是1.2元，只要有三人偷听，这个提问者就回本了。事实证明，大部分向林公子提了好问题的人都顺利回本了。

在答主提问价格基本稳定的情况下，我们可以通过答主收听人数、答主收入、答主价格和答主被提问数量等综合评估答主的活跃度和回报率，不能简单认为答主定价越高就越不划算。

一般而言，通过活跃度和回报率这两个指标，我们大概可以判断出哪些答主是更值得提问的对象了。

指标3：增值力

以上通过提问价格和每道问题的偷听次数的判断非常快速，也非常直观。

虽然说答主回复越来越多的问题，你的问题非常有可能被湮没，但我们还必须注意到分答提问是随机出现在答主首页的，所以好的提问还会有长期回报的价值。

我们要注意到以下几点：

第一，越来越多的知名答主在提问变多后，为了减轻答疑的压力，便逐步提高自己的提问价格，所以在答主刚刚入驻的时候果断提问回报率会更高；

第二，越来越多的答主减少了自己每天回复问题的数量，很多人明确表明每天只回复3~5个问题；

第三，越来越多的用户正在进入分答平台，在前两种情况已成事实的基础上，提问不仅贵而且很难得到回复，所以很多新分答用户会选择偷听历史提问，毕竟花1元钱偷听对自己有价值的提问更划算。

所以长期来说，你的问题完全可能会被继续偷听。这时，你需要判断一个答主是否有"增值的潜力"。

一般来说，通过收听人数和问题偷听次数可以大致判断答主的长期受欢迎的程度。

比如，罗辑思维的分答粉丝有73267个，虽然每天只回复一个问题，可是每个问题的偷听量少的有几百人，多的常常达到两千多人。

如果提一个好问题对你来说不是一件难事的话，你应该每天去试一试。因为他的提问价格只要1元，如果入选，那就妥妥地稳赚。

所以说，罗辑思维满足了高偷听量、低提问价格、高人气、有长期偷听量等特点，遗憾的是每天只回复一条提问，你不妨每天随手提一个好问题，不抱期望对方会回复，可是万一被回复了呢?

主动勾搭新加入分答的答主

人都是喜欢尝鲜的。一般分答的新晋答主会更有回复问题的欲望，而且也更可能把对他胃口的提问扩散到朋友圈。

更重要的是新晋答主的问题数量比较少，你的提问及时的话，很可能显示在他的分答主页首页，有机会被更多人偷听到。

在分答的"发现"页面，有"人物""问题"和"生命分答"三栏，"人物"页面一直下拉，你会看到有"新晋大咖答主"这一分类，而且分答还贴心地每日更新。这些新入驻的答主，相对来说答题的兴趣更强烈，定价一般也比较低，所以还是向他们提问吧。

当动机在杭州（陈海贤）还在新晋答主区时，本书作者林公子以15元的价格向他提了一个问题，到现在为止偷听的人数是71人，早就回本了。但他现在的提问价格已经涨到了48元，71个人偷听可就不够了。

另外分答现在答主越来越多，为了更好地挖到更多的新晋答主，我们建议你直接在分答菜单中的"找人"分类中查看"新晋榜"即可。

用主题提问测试答主的价值

如果你想通过提问获得稳定的回报，我们建议你做一次主题测试，就你感兴趣的问题对相关答主做一轮优质提问的回报率测试。

如果你身边的人也对这些问题感兴趣的话，他们就是非常好的偷听对象。

林公子专门在分答上做了一个测试——用同一个问题问了多个答主，综合他们的收听人数、提问价格和每道题的偷听次数等因素来判断是否值得向他提问，提问之后是否能够回本。

这个问题大概是：

每个女人都希望找一个靠谱的男人恋爱、结婚，你觉得真正靠谱的男人身上应该有什么品质？又该如何去分辨呢？

林公子用这个问题问了23个人，他们是鹦鹉史航、陈默、不加V、秋叶、鬼脚七、霹雳小猫、王烁、毛利、顾扯淡、凌太来了、李思磐、王立登、大冰、刘希平、三公子、邱晨、papi酱、蒋方舟、性感玉米、罗辑思维、马东、龚琳娜、柳岩，这23个人中前12位答主给出了回复。

提问陈默：一天时间，偷听人数89人。

提问鹦鹉史航：一天时间，偷听人数7人。但听过问题的人数有66人，最大的可能是鹦鹉史航主动把问题扩散到朋友圈，在"6小时内免费听"中免费来听的人比较多。

鹦鹉史航
"在行"影视类行家中收费最高的话痨

编剧经验二十年以上，策划经验十五年以上，嘉宾经验十年以上，主持经验五年以上，《奇葩说》辩手经验不到一年，在行行家经验不到半年。新浪微博上，我叫鹦鹉史航。

15819人收听　🎧收听

向鹦鹉史航提问，等Ta语音回答；超过48小时未回答，将按支付路径全额退款。被回答后可免费向Ta追问。　　　0/60

☑ 公开提问，答案每被偷听1次，你从中分成￥0.5 ⓘ

￥38

写好了

回答了2499个问题·总收入119102.16元　最新 | 默认

林公子 🌙　　　　　　　　　　￥38

史航，你靠谱吗？每个女人都希望找个靠谱的男人恋爱、结婚，你觉得真正靠谱的男人身上应该有什么品质？又如何去分辨呢？

🔊 点击播放　　60"　追问

20小时前　　　　　　　　听过 66 👍 3

其中偷听7 分成收入 ￥3.5 ⓘ

鹦鹉史航 15819人收听
"在行"影视类行家中收费最高的话痨 ›

提问霹雳小猫：一天时间，偷听人数17人。

霹雳小猫
自媒体|资深HR|恋爱上师|三宝弟子

职场、情场皆为道场，谋生、谋爱都是修行。霹雳小猫，犀利又温柔，无情又慈悲，粗暴又高效！公众号：有色无情霹雳小猫，新浪微博：有色无情霹雳小猫 微信：doublefishconnie加好友+"收听"限时免费听

1009人收听　🎧收听

向霹雳小猫提问，等Ta语音回答；超过48小时未回答，将按支付路径全额退款。被回答后可免费向Ta追问。　　　0/60

☑ 公开提问，答案每被偷听1次，你从中分成￥0.5 ⓘ

￥45

写好了

回答了235个问题·总收入10306.98元　最新 | 默认

林公子 🌙　　　　　　　　　　￥45

每个女人都希望找个靠谱的男人恋爱、结婚，你觉得真正靠谱的男人身上应该有什么品质？又如何去分辨呢？

🔊 点击播放　　60"

2天前　　　　　　　　听过 201 👍 38

其中偷听17 分成收入 ￥8.5 ⓘ

霹雳小猫 1009人收听
自媒体|资深HR|恋爱上师|三宝弟子 ›

提问秋叶大叔：一天时间偷听人数41人。非常幸运的是秋叶大叔把林公子这个问题在他的分答首页置顶，所以非常快就回本了。不过即使不置顶，以秋叶大叔12元的提问价格和每道问题较高的偷听量，好的提问者在他这里都可以轻松回本。

秋叶
秋叶PPT创始人，秋夜青语志愿答疑者

我是个老实人，只会老老实实回答你的问题，不搞怪，以秋式普通话。另外，需要我唱歌吗？一半分答收益自愿用于秋夜青语志愿队公益活动。

2295人收听　🎧已收听

向秋叶提问，等Ta语音回答；超过48小时未回答，将按支付路径全额退款。被回答后可免费向Ta追问。

0/60

☑公开提问，答案每被偷听1次，你从中分成￥0.5 ⓘ

￥12

写好了

回答了929个问题·总收入15705.5元　最新 | 默认

每个女人都希望找个靠谱的男人恋爱、结婚，你觉得真正靠谱的男人身上应该有什么品质？又如何去分辨呢？

热门　　收听　　发现　　我的

林公子　　　　　　　　　　　　￥12
每个女人都希望找个靠谱的男人恋爱、结婚，你觉得真正靠谱的男人身上应该有什么品质？又如何去分辨呢？

点击播放　　59"

1天前　　　　　　　　　　　听过144 👍15

其中偷听41　分成收入￥20.5 ⓘ

秋叶 2295人收听
秋叶PPT创始人，秋夜青语志愿答疑者　›

提问王烁：两天时间，全靠偷听，34人。

王烁
首席读书官，财新主编，耶鲁世界学人

微信公号BetterRead首席读书官，财新传媒主编，耶鲁世界学人，《我们为什么总是看错人》作者。读书不少，阅人颇多，见事无数，专识不靠谱。

3169人收听　🎧收听

向王烁提问，等Ta语音回答；超过48小时未回答，将按支付路径全额退款。

0/60

☑公开提问，答案每被偷听1次，你从中分成￥0.5 ⓘ

￥32

写好了

回答了731个问题·总收入15285.5元　最新 | 默认

林公子　　　　　　　　　　　　￥32
每个女人都希望找个靠谱的男人恋爱、结婚，你觉得真正靠谱的男人身上应该有什么品质？又如何去分辨呢？

点击播放　　33"

2天前　　　　　　　　　　　听过34 👍1

其中偷听34　分成收入￥17 ⓘ

王烁 3169人收听
首席读书官，财新主编，耶鲁世界学人　›

最厉害的是问了不加V，两天时间偷听292人，一个问题赚了近100元。

不加V在情感答疑领域很受欢迎，可是这个偷听数据还是有点出乎意料，是不是她也把这个问题置顶了呢？

进入她的主页面，林公子发现不加V并没有置顶任何问题。但刚巧打开不加V的主页，第一个问题显示的就是林公子的提问。不得不说，分答这个随机推荐机制也是常常能给提问者惊喜的。如果你的问题恰好被答主回答，又恰好被分答推荐到首页，然后偷听的人又觉得答得不错，到处扩散的话，偷听收入很有可能给提问者一个意外惊喜。

毛利是出现在才华榜上的一个情感类作家，她的提问定价不高，问题数量也不多，而且只有295人收听，影响力有限，偷听人数也不多，可以继续观察她的运营。

毛利
情感专栏作家

关于爱和一切令人心跳加速的事物。不想心跳加速？我来推荐几本看着慢慢变老的书。

295人收听　🎧收听

向毛利提问，等Ta语音回答；超过48小时未回答，将按支付路径全额退款。被回答后可免费向Ta追问。
0/60

☑公开提问，答案每被偷偷听1次，你从中分成¥0.5 ⓘ

¥20

写好了

回答了68个问题·总收入1832元　　　最新 | 默认

林公子　　　　　　　　　　　　　¥20

每个女人都希望找个靠谱的男人恋爱、结婚，你觉得真正靠谱的男人身上应该有什么品质？又如何去分辨呢？

▶ 点击播放　41"

2天前　　　　　　　　　　　　听过 2 👍 1

其中偷偷听2　分成收入¥1 ⓘ

毛利 295人收听
情感专栏作家　　　　　　　　　　　〉

　　顾扯淡是一个很好的提问对象，因为他是"知名不靠谱大叔"，而这个问题问的就是"靠谱"。何况他的定价低，6.9元一个问题意味着有14个人偷听就可以回本。

　　尽管他的人气不是很高，但提问他的结果还是可以接受的。

顾扯淡
知名不靠谱大叔

我是个好人……

357人收听　🎧收听

向顾扯淡提问，等Ta语音回答；超过48小时未回答，将按支付路径全额退款。被回答后可免费向Ta追问。
0/60

☑公开提问，答案每被偷偷听1次，你从中分成¥0.5 ⓘ

¥6.9

写好了

回答了121个问题·总收入1490.9元　　　最新 | 默认

林公子　　　　　　　　　　　　¥6.9

特来文问您这个不靠谱大叔：每个女人都希望找个靠谱的男人恋爱、结婚，你觉得真正靠谱的男人身上有什么品质？又如何去分辨呢？

▶ 点击播放　56"　　追问

18小时前　　　　　　　　　　听过 4 👍 1

其中偷偷听4　分成收入¥2 ⓘ

顾扯淡 357人收听
知名不靠谱大叔　　　　　　　　　　〉

凌太在分答活跃度很高，收听人数也比较多，又愿意将分答收入自愿捐献，这也许能激发大家偷听的愿望，但实际效果却一般。

凌太来了
十八线网红，全方位覆盖生活和育儿话题

北大经济系本科、美国RPI管理学硕士、前小微企业主、投资人、俩娃的妈、资深育儿博主。分享对育儿、婚姻及生活的看法。您提问的费用将被用于购买图书捐献给"山村幼儿园计划"。

2048人收听　🎧 收听

向凌太来了提问，等Ta语音回答；超过48小时未回答，将按支付路径全额退款。被回答后可免费向Ta追问。
0/60

☑公开提问，答案每被偷听1次，你从中分成 ￥0.5 ⓘ

￥35

写好了

回答了286个问题·总收入14442.5元　　最新 ┃ 默认

🌙 林公子 🌙　　　　　￥35

凌太，每个女人都希望找个靠谱的男人恋爱、结婚，你觉得真正靠谱的男人身上应该有什么品质？又如何去分辨呢？

))) 　点击播放　　　60"　　追问

18小时前　　　　　　　　听过 2 👍1

其中偷偷听2 分成收入 ￥1 ⓘ

凌太来了 2048人收听
十八线网红，全方位覆盖生活和育儿话题　　　›

王立登，他有一个活跃度很高的社群，很喜欢分享自己的问答。虽然他在分答定价不高，但活跃度很高。这样，提问效果就很好。

王立登
益分享发起人，社群书院约读负责人

怎样高效读书？如何主题写作？怎么学会坚持？如何成长增值？高效工作，自我投资，享受生活；快快来提问哦！

109人收听　🎧 已收听

向王立登提问，等Ta语音回答；超过48小时未回答，将按支付路径全额退款。被回答后可免费向Ta追问。
0/60

☑公开提问，答案每被偷听1次，你从中分成 ￥0.5 ⓘ

￥6.66

写好了

回答了63个问题·总收入1221.18元　　最新 ┃ 默认

🌙 林公子 🌙　　　　　￥6.66

女人都希望找个靠谱的男人恋爱、结婚，从男性的角度来看，你觉得真正靠谱的男人身上应该有什么品质？又如何去分辨呢？

))) 　点击播放　　　60"

2天前　　　　　　　　听过 24 👍3

其中偷偷听12 分成收入 ￥6 ⓘ

王立登 109人收听
益分享发起人，社群书院约读负责人　　　›

鬼脚七则真诚地回复了两遍林公子的问题，并把这个问题置顶了！问题回复18个小时，偷听有20人。说实话，按照数据分析，提问七叔短期内不一定能够回本，但林公子是七叔的粉丝，所以为真爱付费也是值得的。

鬼脚七

自媒体人，作家，修行在路上。

创业、营销、情感、职场、人生的问题都可以，不过别期望太高啊。(公众号:taobaoguijiaoqi)

6863人收听　🎧 已收听

向鬼脚七提问，等Ta语音回答；超过48小时未回答，将按支付路径全额退款。被回答后可免费向Ta追问。

0/60

☑ 公开提问，答案每被偷听1次，你从中分成￥0.5 ⓘ

￥77

写好了

回答了348个问题·总收入36430元　　最新 | 默认

每个女人都希望找个靠谱的男人恋爱、结婚，七叔，你觉得真正靠谱的男人身上应该有什么品质？又如何去分辨呢？

￥77

热门　　收听　　发现　　我的

林公子🌙　　　　　　　　　　￥77

每个女人都希望找个靠谱的男人恋爱、结婚，七叔，你觉得真正靠谱的男人身上应该有什么品质？又如何去分辨呢？

))) 点击播放　　　　60"

18小时前　　　　　　　　　听过 20 👍 3

其中偷听20 分成收入￥10

3.2　六招教你提出有质量的好问题

分答出来后，很多人才意识到"提出一个好问题也是一种能力"。

分答的偷听机制让很多人希望通过提问获得收益，这无可厚非，但是很多人发现自己的提问被答主回复后没有人偷听，这里面一个很重要的原因就是他的提问质量不高。

很多人以为提问很简单，但只有好问题才能激发出答主的回复欲望。更重要的是，一个好问题才能让其他看到问题的人产生带入感，立刻联想到自己也有这样的问题，诱发偷听的欲望。

我们认为在分答上提出一个好问题的标准有两条：

第一，你提出的问题简明清晰地描述了你的困惑或者要求；

第二，你提出的问题和别人有一定的共性，让旁观的人也感兴趣。

随着分答的用户越来越多，行家们每天收到成百上千个问题都完全有可能。那么，怎样才能让你的问题脱颖而出得到回答者的青睐，引起旁观者的好奇呢？

下面我们总结了六个方法，希望能对你有启发。

越有针对性，越可能提出好问题

好问题必须有针对性，这是所有好问题的基础。

提问要有诚意，在对答主有了解的基础上，提出对方擅长领域的问题是对答主的基本尊重。

术业有专攻，问到了对方专业知识和生活经验范围内的问题，对方回复你的可能性才高。如果你问PPT达人秋叶大叔，中医行业的平均薪资是多少，那只能惨遭他拒绝。同样道理，你不能让王思聪教你制作一个好的PPT吧？除非你是想听一个段子。

要了解答主的专长范围，还要了解答主的节操底线。有的答主风格很正，有的答主风格就很任性，对于走严肃路线的答主，如果你提出一个涉及隐私的问题，他可能会认为你在冒犯他，不尊重人，甚至是想引诱他回复隐私问题而牟利。

但像《奇葩说》辩手马薇薇的标签就是：我很好奇你们会问什么？明摆着让大家放开去问。所以很多提问马薇薇的问题都是比较有槽点的，偷听的人也很多，如果你的问题被马薇薇回复了，回报率也会很高。

为了帮助大家针对不同类型的答主快速提出对口味的问题，我这里大致把分答上的答主分为三个领域，即专业领域、成长领域和热点人物（包括网红、八卦人物、事件人物等）领域。每个领域的提问都有对应的"套路"。摸着这些套路，轻松提出一个好问题不再是难事。

所以，对于专业领域的人，我们建议要优先问对方专业领域内的问题。

比如协和副教授@协和张羽，在分答上大家提问她的问题一般都是备孕、安胎、痛经、性生活等女性生殖健康的问题，偷听量都不低。而且问题越有代表性，偷听数量越高。

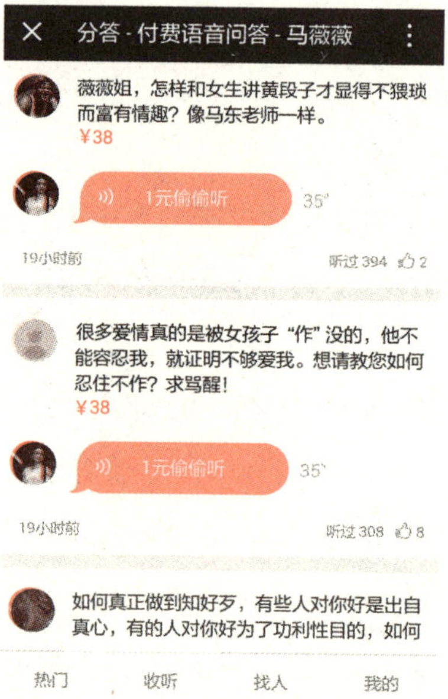

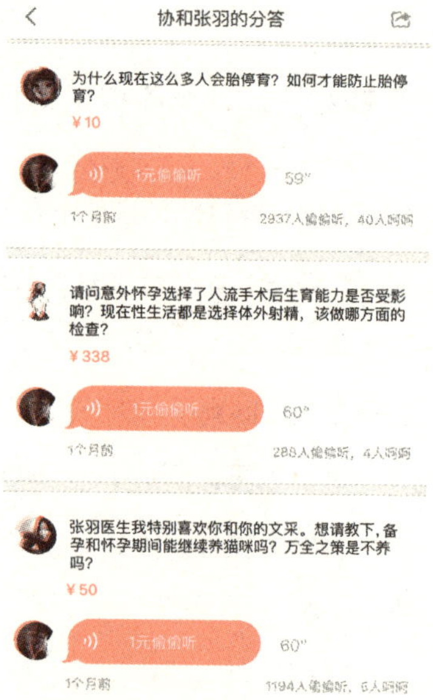

即便是我们提到的《奇葩说》辩手@马薇薇，她回复的大部分问题其实基本上都是和口才锻炼、表达沟通练习有关的。

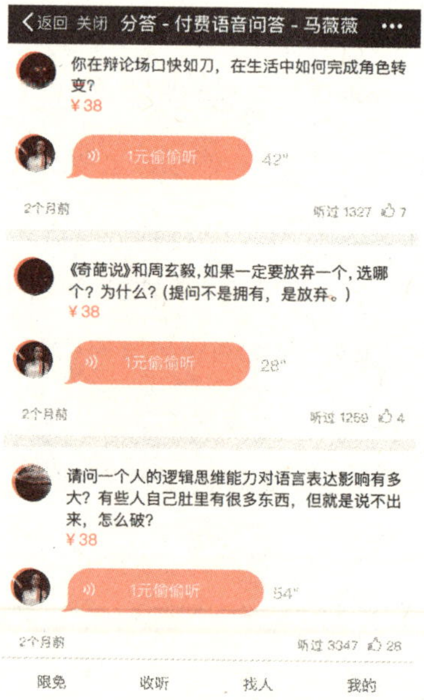

像自由职业的幸福生活家萧秋水老师，人家多向她请教的是个人成长问题。

而问多重职业身份的非典型网红大叔秋叶老师的问题，那就是职场问题和

八卦问题都有了。

抓住热点话题，针对性提问行业人物

很多答主对网络热点都有自己的看法，如果你请他点评一下热点事件或人物，他们往往有很强的意愿回答，而且这种热点话题一旦被问到，偷听的人也很多。

比如在分答宣布获得融资的发布会当天，有人这么问鹦鹉史航，提问很开脑洞，又结合了他在直播上的表现，回复后偷听的人很多。

Seven　　　　　　　　　　　　　　　　　　¥38

刚看完分答发布会直播上你很有趣的回答，如果让你从马东、高晓松、郭德纲、姬十三中选一个人朝夕相处，你会选谁，为啥？

1元偷偷听　　　60"

8小时前　　　　　　　　　　134人偷偷听，0人呵呵

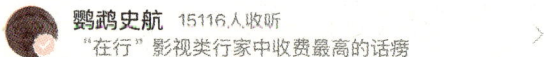

鹦鹉史航　15116人收听
"在行"影视类行家中收费最高的话痨

"宝能提案罢免王石"是2016年的一个大热点，于是有人问万能的大熊的看法，偷听的人也很多。

阿杜　　　　　　　　　　　　　　　　　　¥49

万科王石被炒是大概率事情，他会被清算吗？他会带领骨干集体出逃吗？他会创业吗？

1元偷偷听　　　59"

20小时前　　　　　　　　　　98人偷偷听，0人呵呵

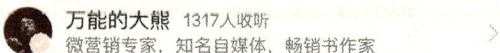

万能的大熊　1317人收听
微营销专家，知名自媒体，畅销书作家

　　高考结束次日（6月8日），有人花1元钱问了罗辑思维这样一个问题，得到了4415个偷听。

余蓄池　　　　　　　　　　　¥1

罗胖，这两天是高考日，焦急万分的父母都在考场外等着自己的孩子，您以后对女儿的高考持什么态度？

1元偷偷听　　　60″

2个月前　　　　　　　　听过 4494　👍 20

罗辑思维 116396人收听
罗辑思维每日问答　　　　　　　　>

赞赏

钱峰，阳光灿烂，圈圈是圆规，墨菲，温润如玉 6
人赞赏

　　本书作者秋叶老师在百度设计总监PPT演讲时主动回复了一个分答时刻的问题，虽然这个问题是免费偷听，但是因为抓住了热点，所以被很多人偷听。因为秋叶老师的回复质量不错，增加了很多分答收听人员，还有人主动赞赏了这个问题。

分答时刻

百度设计总监因PPT及争议言论被公司处分，您认为这起事件对职场人有哪些警示或者借鉴？

点击播放　　　59″

秋叶 | 秋叶PPT创始人，秋夜青语志愿答疑者
17天前　　　　　　　　听过 268　👍 14

更多职场技巧，点击此处　　　　　　>

赞赏

Annie，橙橙，林公子　3人赞赏

提出脑洞问题，激发答主创意回复

人都喜欢听脑洞大开的提问，也想知道别人对脑洞大开的提问怎样回复。

因为好的脑洞能充分满足人的好奇心，也特别能激发答主的挑战欲，有了挑战欲往往能激发出答主回答问题的兴趣。

更重要的是，这种好的脑洞问题会被答主主动置顶或分享到朋友圈，因为每个人内心都希望自己的优质回答被更多人认可。

有一个脑洞问题就得到了鹦鹉史航的回复，而且被主动置顶，意味着接下来会有更多的人偷听，提问者就等着躺着挣钱吧。

再举个例子，有人问传媒人马东一个脑洞大开的问题，也引起了不少人的好奇心，获得不少的偷听量。

⬤ 问题太多 　　　　　　　　　　　　　　　￥500

如果生命里只剩下最后60秒，让你热吻蔡康永、高晓松、罗振宇老师，你怎么分配这60秒？为什么？

🔊 1元偷偷听 　　32″

6天前　　　　　　　　　118人偷偷听，0人呵呵

马东 5132人收听
米未传媒CEO

对每一个答主，只要你用心研究，都有可能提出让他觉得有挑战欲的问题。这些脑洞问题对答主来说，有可能是不归路，比如下面这个提问秋叶老师的。

⬤ 园园 　　　　　　　　　　　　　　　　￥12

晚上我老是不容易睡着，天天做夜猫，秋大，能唱个催眠曲吗？╯＿╰

🔊 点击播放 　　32″

3天前　　　　　　　　　　听过108 👍 7

其中偷偷听56 分成收入 ￥28 ⓘ

秋叶老师回复后当然会分享到朋友圈，然后朋友圈就欢乐成这个样子了，做网红果然是一条不归路。

不熟悉的答主，针对标签设计问题

世界太大，很多优质答主我们根本不了解，怎么办？

我们提供一个"快速提出一个在点子上的好问题"的诀窍，那就是认真看一下答主们的自我介绍，针对他的自我介绍，你就有大把的问题可以问。

分答上有太多的答主是我们从未听说过的，如果想提一个让对方乐于回复的问题，最快捷的方法就是直接研究他的自我介绍。根据他对自己的描述，抓住一个点，提出一个清晰直接的问题。

比如林公子在分答上发现一个叫"二木花花男"的答主，他定价10元，只有81个粉丝，但林公子的提问有37个人偷听，早已回本。那林公子是如何向他提出一个好问题的呢？

林公子的提问灵感正是来自答主的自我介绍里的"唱着歌"三个字。

林公子 🌙	￥10

大王，请唱你最爱的80、90和00年代的三首歌，可好🌸？

点击播放　60"

8天前　　　　　　37人偷偷听，0人啊啊

二木花花男　81人收听
园艺家，多肉植物养护砖家

二木花花男
园艺家，多肉植物养护砖家

多肉植物养护、特点、国内外发展史，花园建设打造，植物选择，室内阳台选择布置植物等园艺类相关问题，擅长植物的种植与搭配。大王唱着歌在山上等你来提问。

81人收听　🎧 已收听

同样的逻辑，林公子问许飞"最爱读什么类型的书"，灵感也来自他的简介，这个问题偷听率也不错。

林公子 🌙	￥55

许飞，你最爱读什么类型的书？你觉得在音乐人泛滥的年代，你最大的差异化优势是什么？

点击播放　58"

4天前　　　　　　30人偷偷听，0人啊啊

许飞　264人收听
音乐人·许飞吉他私塾创始人

⟨　　　　　许飞的分答　　　　　⟩

许飞
音乐人·许飞吉他私塾创始人

不靠谱的弹琴三无女青年，读闲书，弹烂琴，精力充沛还能创业！

264人收听　🎧 已收听

问曲艺"如何拯救落后女青年"，因为她说自己专门拯救落后的男女青年。

林公子 🌙	￥9.9

曲老师，厌世自弃怎么办？请拯救我

点击播放　47"

7天前　　　　　　17人偷偷听，0人啊啊

曲艺 🐱💄💅　420人收听
新闻界非常不资深搞笑达人

曲艺 🐱💄💅
新闻界非常不资深搞笑达人

非资深媒体人，新闻界最不正经的，污师界最正经的，擅长学院派与野路子结合等写作方式，专业挽救落后男青年女青年。

420人收听　🎧 收听

林公子还问了程士安教授一个问题，"基于社交媒体的营销传播面临的挑战"，而问题的来源正是程教授的自我介绍。

林公子🌙　　　　　　　　　　￥20

程老师，我是一名营销系的学生。可以简明扼要谈一下国内在未来三到五年里，基于社交媒体的营销传播面临的挑战有哪些吗？

点击播放　　　60"

7天前　　　　　　15人偷偷听，0人呵呵

程士安　325人收听
复旦大学 教授

程士安
复旦大学 教授

关注与琢磨：基于社交媒体的营销传播面临的挑战及对策。2014年春，登录全球在线教育Coursera平台开设复旦大学首门上线课程《大数据与信息传播》。

325人收听　🎧 已收听

刘一男自称是"中国英语单词速记第一人"，当然要问他是如何建立个人品牌的。

林公子🌙　　　　　　　　　　￥8

您是怎么打造"中国英语单词速记第一人"这个个人品牌的？又是怎么靠它变现挣钱的？

点击播放　　　60"

1天前　　　　　　11人偷偷听，0人呵呵

刘一男　706人收听
中国英语单词速记第一人

姿态诚恳，让答主产生好感再回复

针对专业人士、高校教师的提问，林公子有一个小窍门，她会直接告诉他们说，她是他们专业的学生，这会让专业答主有一种亲切感。或许昨天就有身边的学生问过他这个问题，所以顺手就回复了；或者觉得既然是同一个专业的，也希望会帮助到我。

放低姿态的另一种方式就是在问题中不经意地流露出你对他关注很多，你是他的忠实粉丝，或者你和他有相似之处。

比如，有人问石班瑜（周星驰御用配音）："石老师还是这么年轻帅气，您的声音伴我成长，女儿每次看您的电影都会学您的招牌笑声，我想请您说一句'邹芷萱生日快乐'，不胜感激。"这个问题不仅表明"我自己是您多年的忠实粉丝，连我女儿也是"。对这样的问题，对方怎么可能不回复呢！

比较次之的方式就是直接在问题中明确表达自己是"您的忠实粉丝""特别喜欢您""您影响我特别深"之类的。

之所以这种方式比较次，是因为它给人比较明显的拍马屁的感觉。在分答上会看到非常多的这种实例。

一句话：多学点套路，提问也是一种能力。

做好功课，答主一定会回复的好问题

多一点真诚，少一点套路。这个世界上最怕的事情就是你肯用心。

让对方更加愿意回复你的问题，最好的方式是在问题中就体现出你对他了解很深。

比如还是有人问石班瑜："有部电影《审死官》没有让您配音，听说您为此遗憾，这件事真的对您有这么大的影响吗？"

如果不是真的关注石班瑜，想必还是很难提出这样的问题的。至少这样的问题需要你去做功课、查资料，答主当然是愿意回答的。

有时候我们可以关注答主的微博、微信，发现他文章或者活动里的最新信息，然后结合这些关注到的信息去提问，就非常贴切，而且答主也许正好有很多话要分享。

比如林公子看到贺嘉说自己成功组织了一场大型TEDx的分享，马上去分答搜索到他，提出了下面这个问题。

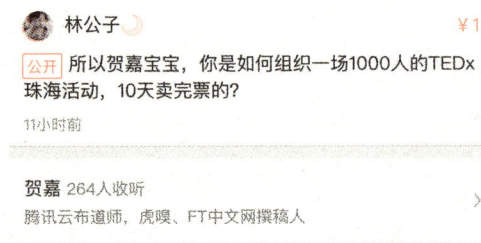

无独有偶，在5月18日，《奇葩说》深度用户武超看到黄执中的这条微博，于是，立刻去提问："你最喜欢被人用什么形容词形容你呢？是可爱吗？"

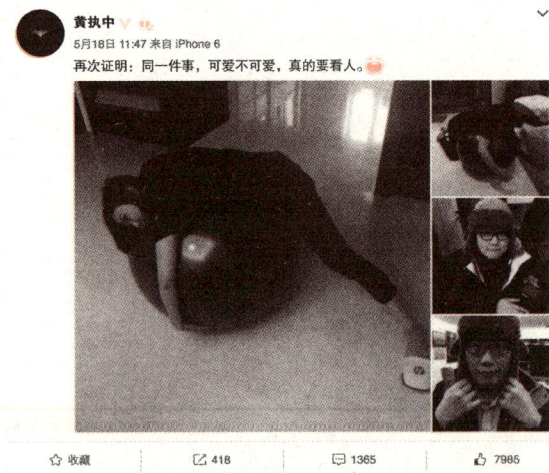

看似极其无厘头的提问，对外表向来冷峻的黄执中来说回答的可能性并不大，不过令人欣喜的是，黄执中不但回答了武超的问题，还帮武超赚了321元。

> 黄执中　　　　　　　　¥10　已回答
>
> 黄老师，你最喜欢被人用什么形容词形容你呢？
> 是可爱吗？
>
> 2个月前　　　　　偷偷听 642　分成收入 ¥321

如果你早就在微博、微信关注的人有分答，那么结合他微博、微信的动态提出他最近正在思考和分享的问题，是很容易得到他的回复的。这是一个非常有效的提问方式。

在停摆回归之后，分答很明显有意淡化了明星网红。首页上赫然呈现的都是行业内的行家学者，如职场技能、心理咨询、社科天文等方面的专家，希望给用户提供更为专业、细分、个性化的内容服务。

我们也希望本书的读者朋友们能够提出真正有价值的好问题，不仅解决自己的困惑，发挥专业答主的优势，也能帮助到其他有相似困惑的人，共同在分答上建造一个良好的网络环境。

总盯着偷听赚钱，不如相信一个好提问会换来一个好答案，值得你去投入。

3.3　五招教你提出别人愿意偷听的问题

满足大家好奇心的问题，大家都爱偷听

你真正想要了解的东西，往往是很多人也会好奇和想要知道的。

林公子提问明月奴的问题，提出两天后，偷听人数达到73人，而答主的收听只有59人，关键是对症下药地提了一个大家都好奇的问题。

人对生老病死都有恐惧，所以看别人如何回复生死衰老的问题，是大家都关心和好奇的。

林公子　　　　　　　　　　　　　　￥20

您好，我想问有没有说什么样的人有患老年痴呆的风险呢？一位很有成就的亲人常说他老了肯定变痴傻，我很害怕，怎么理解这个事情？

))　　点击播放　　　　　58"

2天前　　　　　　　　　73人偷偷听，0人呵呵

明月奴　59人收听
神经外科主治医师

古典老师是网上知名人士，刚入驻分答林公子就关注了他。林公子提问古典老师经历了哪些人生分岔口，又是哪些人在人生的关键时刻影响了古典老师，让他有了今天的成就，这也是很多人好奇的。

这一道问题偷听的人数有51人，古典老师也将这道问题转发到了朋友圈，所以听过的人数有202人，13个赞，这可以说也是一个受欢迎的好问题。

林公子 🌙   ￥18

古典老师，请问在您生命中是否出现过一些大的转折？
影响您的人又是谁呢？

》 点击播放   60"

1个月前   听过 228 👍 60

其中偷偷听77 分成收入 ￥38.5 ⓘ

古典 1987人收听
《拆掉思维里的墙》作者，生涯规划师   ›

我们来看在行行家武超两个提问的例子。

他提问的第一个人是李骁军，是IDG合伙人。所有人都想知道，投资人到底是如何看BP的？果然偷听人数很多，而且这个问题对武超很有价值，因为他的专长就是做BP和发布会的PPT。

李骁军   ￥80 已回答

融资BP同一逻辑水平下，好看能起到多大作用？
如何快速看一个项目的BP？

2个月前   偷偷听 60 分成收入 ￥30

他提问奥美创意总监东东枪的问题和文案有关，他想知道在专业广告人眼中，他们最喜欢的广告文案分别是哪个？不仅业内人士好奇，外行也想听听他们的看法。沿着这个思路提问东东枪后，果然大家的好奇心顺利帮武超赚回了成本。

● 东东枪　　　　　　　　　　　¥28　已回答

枪总最喜欢的三句文案是什么？

2个月前　　　　　　　　　　偷偷听 97　分成收入 ¥48.5

有场景带入感的问题，同类人会偷听

很多人提问语焉不详，让其他的朋友看了之后，完全没有办法和自己遇到的困难或苦恼联系起来，自然很难产生偷听的欲望。

分答首页每天都会推荐一些人的回复，如果能被分答首页推荐，你的提问被偷听的人数会大大增加。我们注意观察分答首页的提问就会发现，这些提问往往非常具体，很有现场感，很多人看了这些问题，马上就会联想到"我也有这样的问题啊，我听听专家怎样答的"，很自然地就会去偷听。

我是全母乳，宝宝在三个月的时候厌奶，持续一个月，现在五个月了，偶尔会有厌奶的症状，怎么办呀？怎样应对厌奶的小盆友？
崔玉涛 | 知名儿科医生
　　1元偷偷听　　　　听过 48

秋水老师，在追求个人成长方面，一是不断探索适合自己的方法；二是向牛人们学习。请问这二者该如何分配学习时间的比例呢？谢谢！
萧秋水 | 知识管理专家，新媒体专家
　　1元偷偷听　　　　听过 128

制订了各种学习工作计划，但总是坚持不下来，被各种琐事耽搁，请问如何提高自制以及执行能力？
warfalcon | 时间管理专家、100天行动发起人
　　1元偷偷听　　　　听过 133

发现男友欺骗：约好看电影，见面说腹泻肚子疼，要回家休息。之后打电话感觉他没在家，我偷偷去找他发现他正打麻将，怎么谈会好些？
彬彬 | 彬彬有理&名人堂出品人 女人救星
　　1元偷偷听　　　　听过 116

偏科严重的小孩应该如何改善这种情况？怎么去协调各课目之间时间上的合理配置？
MasterZhou | 美语老师，《长城》剧姐翻译，英文主持
　　1元偷偷听　　　　听过 36

早上起床太痛苦，有没有什么曲子能一下子把人叫醒，音乐一响就能元气满满地起床，开启新的一天？
隽枫 | 音乐评论家，音乐邋遢家，唱片收藏家
　　1元偷偷听　　　　听过 311

热门　　收听　　找人　　我的　　　热门　　收听　　找人　　我的

　　比如看这两页分答首页截屏的提问，我们就会发现好的提问、容易被推荐的提问都非常具体，而且很容易和自己的工作、学习、生活中的苦恼联系起来，大家偷听的意愿就很强烈。

　　像有的小伙伴提问秋叶老师的问题，虽然也带有一定的场景感，但问题过于粗略，虽然也有人偷听，但由于提问的场景感并不强，所以对偷听人数还是有影响的。

　　而且越是具体的问题答主越好回复，否则答主为了稳妥，还得替你操心你提的问题分哪几种情况，你可能是哪种情况，宝贵的一分钟都浪费在分析问题的背景上去了。

　　比如问秋叶老师的这个问题，在婚姻中怎样把握对另一半的宽容和爱情的底线。秋叶大叔就得猜你说的另一半是有情况了呢，还是你想没事先打打预防针呢？一分钟真的很难说清楚这么多可能。

作为女性，在婚姻中怎么把握好对另一半的
宽容和爱情的底线。
￥12

))) 点击播放   59″

6小时前　　　　　　听过11 👍0 置顶

有趣味性的问题，身边的人会偷听

　　有些提问就是给身边朋友偷听取乐的。这样的问题要浅不要深，便于回答者在一分钟之内卖个好萌，再扩散到朋友圈或微信群，大家都去开心一下就好。

朋友之间故意要对方唱歌，问女朋友近况……有趣好玩，彼此都熟，也不算冒犯。

黄鑫老师问林公子："秋叶大叔最让你钦佩的地方是什么？为什么秋大能和你合作那么久？"这个问题在转发朋友圈后，也引起了一些人的偷听。

有深度的好问题，吸引有想法的人偷听

一般来说分答上偷听多的问题是比较浅显且有生活感的问题，但你也可以问得深，主要是看你问谁。

　　有真才实学的人往往不会反感你提一个学霸型的问题，只要你问得深刻，问到了点子上，他们往往也是有回答的欲望的。

　　收听这类人的粉丝们，往往也是乐于思考的一批人，他们对于深刻的问题也在探索和思考，当看到有人提问了这类有深度的话题，花1元钱听听是顺手的事。

　　你会发现，这一类的问题不会爆款，但是偷听人数也不低。

　　像林公子问中美教育规划师林杰自己关心的话题——"美国教育比中国强的本质"和"中国教育的失败"，居然有23人偷听。

　　林公子本科毕业论文课题是社交媒体的传播，所以她问了很多分答上的专家，比如这个问蒋青云"基于社交媒体的营销传播面临的挑战和对策"的烧脑问题，也有26人偷听。

　　林公子问焦建利教授"学术不端"的问题，没有想到关注的人也不少。

林公子　　　　　　　　　　　¥9.9

焦老师，国内大学生普遍浮躁，学习和学术作弊的人并非一二，您认为学校和学生分别负有什么样的责任？

点击播放　　60"

7天前　　　　　　　23人偷偷听，0人问问

焦建利　113人收听
一介书生，博士，教授，博士生导师，

焦建利
一介书生，博士，教授，博士生导师

互联网的资深用户，大学教师，在线教育和慕课的研究者和实践者，坚实的终身学习者，有一定影响力的博客。也许我无法给你满意的答案，但一定会与你一道坦诚面对问题！

113人收听　已收听

有话题性的问题，问谁都有人偷听

看到分答已有的一些问题，尤其是上热门的好问题，不妨借鉴一下，问问你感兴趣的人。好话题对谁都是好问题，回复了大家都有兴趣看看你对热门话题的看法，这样偷听的人也自然多。

下面这些问题都是林公子看到其他人的提问觉得不错，就借鉴过来问了一些人，效果都还不错。

林公子　　　　　　　　　　¥15

陈老师，你有没有被学生或来访者爱上的经历？

点击播放　54"

2个月前　　　　　　听过 73 ❤ 2

其中偷偷听73 分成收入 ¥36.5

陈海贤 6212人收听
心理学博士，注册心理师，一语道

林公子　　　　　　　　　¥1

猫，在分答哪些问题是你喜欢的并能引起你去思考的？想给问友们推什么建议？

点击播放　50"

7天前　　　　　　13人偷偷听，0人问问

石头一样的猫 245人收听
心理咨询师，匠人，打铁的。

林公子　　　　　　　　　¥8.8

果果女，之前有个很火的观点说，中国的优秀男人已经普遍配不上中国的优秀女人了，你怎么看？

点击播放　27"

8天前　　　　　　23人偷偷听，0人问问

夏果果 171人收听
青年作家、出版人、非典型性职场达人

所以，在微博、知乎或者其他媒体上的好提问，也许就是分答上的好提问。采取拿来主义，问你在分答上想问的人，往往效果是很不错的。

3.4　武超：在行人气小王子是如何玩转分答的

武超是一位北京的在行行家，已经在在行上约见超过200单。

今年5月，他的在行顾问突然推送了一个H5"分答"页面让他使用体验，他发现很多行家、大V都已经进驻分答，其中最火的就是鹦鹉史航。

因为武超是《奇葩说》的热心观众，对范湉湉和马薇薇印象深刻，这两个人"正面冲突"一定很刺激，于是提问史航"如果非要你二选一，选择其中一个做你的女朋友，你选范湉湉还是马薇薇？因为啥"的问题，结果这个问题成为他在分答的第一桶金，截至7月5日偷听数1500人，分成收入750元。

> **鹦鹉史航**　　　　　　　　　　¥38　已回答
>
> 如果非要二选一做你女朋友，你选范湉湉还是马薇薇？因为啥？（不能选择死）
>
> 2个月前　　　　　　　　偷偷听 1500　分成收入 ¥750

尝到甜头的武超在之后的两个月里，但凡发现分答来了一个知名大V，一定会提问类似的问题，A和B你会选谁？一旦问题被大V回复了，偷听效果都非常好。

分答这个产品给了武超很大的刺激，他开始思考如何开发出新的玩法。武超是一个头脑非常灵活的人，他认为普通人除了通过分答赚更多钱，其实也可以通过提问给自己打广告、找工作。

刘建宏在解说中国队比赛进球后总会大喊的"进了！进了进了进了"，是一个网友津津乐道的哏。于是，他用这个哏制造了一个问题问刘建宏，刘建宏果然回答了这个问题，偷听收入是他投入成本的10倍。

刘建宏　　　　　　　　　　¥10　已回答

进了！进了进了进了！刘老师现在听别人讲这个段子是什么感受，前后有什么变化吗？

2个月前　　　　　　　　　偷偷听 217　分成收入 ¥108.5

东东枪也是分答早期的活跃答主，所有人都在问"如何讲好相声，如何做好广告"，这都太落俗。再让东东枪回答这一类问题，肯定很难吸引他的注意力。

刚好武超为广告公司做创意文案，心中一直有一个奥美梦（奥美是东东枪的任职公司）。于是，他大胆提问东东枪"如果偷听超过300，就给我面试机会"，他觉得分答也可以变成一个求职的机会。

东东枪　　　　　　　　　　¥15　已回答

东东口一开，offer自然来。如果我被偷听超过300次，东东枪老师就会给我面试机会，您怎么看？文案👽

2个月前　　　　　　　　　偷偷听 191　分成收入 ¥95.5

武超为了达到300这个偷听数，还在自己的小伙伴微信群里发红包，一人1元，小伙伴拿了钱去偷听，还能回本5毛。而且当偷听次数达到一定数量后很容易被选入首页热门，还能更快地收回成本。

虽然这个问题的最终偷听数没有达到目标，但武超认为还是值得的。因为这条分答让答主在他去奥美面试之前就已经留下了深刻的印象，展示了一个广告人应有的素养。如果在面试的时候武超说"我就是分答上要面试机会的那个人"，是不是会令对方眼前一亮呢？

除了做一个优质的提问者，武超也开始琢磨玩转自己的分答。

一开始武超给自己写的个人简介是：

PPT行家，200单，滴滴、天弘基金、大圣归来的发布会作者，合作企业百度、微信、搜狗等。貌似很厉害，但是和别人又有什么太大关系呢？并没有多少人关注他或者向他提问。

后来武超看到史航接到的提问和回答，突然开窍，玩转分答需要短、平、快且略带戏谑的风格。于是他修改简介的描述，做了一个标题党"月入5W，PPT专家，偷人老师，老司机"。

这样提问一下就多了起来，千单行家诸葛思远、HR独立顾问薛毅然都问了他"月入5W的构成"，他老老实实、诚诚恳恳地进行了回复。

对于坦诚的回答，他们给出了很高的评价，并且积极传播，分别获得了181和57个偷听，收益也是相当可观。

诸葛思远	￥6.9	已回答
求月入五万的构成		
2个月前	偷偷听 181　分成收入￥90.5	

薛毅然	￥6.9	已回答
月入五万，如何做到?		
2个月前	偷偷听 57　分成收入￥28.5	

在分答定价上，武超也走了一段弯路。刚刚入驻分答，他的定价是6.9元，没有什么其他原因，只是因为他是秋叶老师69群的小伙伴，因此定价6.9元，以

示敬意。

　　开始也会有零星的问题袭来，再加上提问史航带给他的膨胀感，没过多久就把价格提升到了10.29元（他的生日），瞬间就没有人提问了。

　　当武超开始积极向答主提问后发现，如果他给没太大影响力的人提问，5元之内可以承受，因为基本可以回本，10元以内努力一下也差不多。除非是特别厉害的大V，不然20元以上他是不会付费的。

　　这个反思启发他尝试调整自己的定价策略：

　　1.每天分时段（晚8点—晚10点）实行1元政策，收到了非常不错的效果。第一天就接到了20个提问，最后算一下回答的收入和高价时的相同，加上偷听获得的收益，远远高于高价格的水平。

　　2.不断调整价格，找到提问数和回答收益之间的平衡点，最终在6.9元、10.29元、0.29元、2.9元、1.11元和4.9元之间选择了2.9元这个价格。在之后的一段时间内，日被提问数在10个左右，收益在200～300元内。

用户提问通知
6月20日

晁岳江很仰慕你，并向你扔了一个问题。
问题内容：做好ppt需要掌握哪些软件（例如ps等）？在哪个平台或网站可以接任务赚钱？
问题类型：公开
发生时间：2016-06-20 23:40:53
速去回答这个价值￥2.90的问题，也可选择立即"拒绝回答"。

详情　　　　　　　　　　　　　　　＞

结算通知
6月20日

恭喜你今日领取"分答"收益￥308.61，已自动入库微信钱包
结算时间段：2016-06-20 23:45:04
总额：￥308.61
截至目前，你的"分答"总收入：￥4576.35。总收益￥4118.71，已领取：￥4054.54，待领取：￥64.17。（收入90%归你，每夜领取，躺着获得"睡"后收入

结算通知
6月21日

恭喜你今日领取"分答"收益￥239.40，已自动入库微信钱包
结算时间段：2016-06-21 22:59:52
总额：￥239.40
截至目前，你的"分答"总收入：￥4772.05。总收益￥4294.84，已领取：￥4293.94，待领取：￥0.90。（收入90%归你，每夜领取，躺着获得"睡"后收入～）

详情　　　　　　　　　　　　　　　＞

武超还注意到分答后续迭代了新功能"收听"，类似微博的关注，可以及时收到收听答主回答的新问题。

武超

PPT砖家，服务：微信滴滴小米天弘

研二在读，月入5W，4A创意文案，微信公开课作者，百度、阿里、微信、小米、滴滴发布会作者。在行PPT爆款202单。人称偷人老师Simon阿文的北京助理，微博武超_CC。🔊承接点歌任务🎶🎶🎶🎶🎵

向我提问需要支付 ¥5.21，可免费追问

998人收听 总收入 ¥6552.53，总收益 ¥5897.28

随着"收听"数逐渐增加，分答成了一个粉丝新的聚集地，但如何和分答粉丝更好地互动，成了武超思考的问题。最终武超选择了在个人描述中醒目地加入个人的微博账号"武超_CC"，这样就可以将他的分答粉丝转移到微博上，可以和粉丝更好地互动。开通分答的两周内，武超的微博粉丝从500个增长到594个，主要就是运营分答，18.8%的粉丝增长还是非常能够让人接受的。

对于分答，武超的体会是：对于新产品，我们不要总是嗤之以鼻，不然最后只能变得像马云所说的"看不起、看不懂、追不上"。想要玩好分答，首先要了解这个产品的调性及受众，找到其中的突破口，只做一个单点的切入，再扩充到其他领域，不要仅仅着眼于眼前的利益，而是要思考整个产品逻辑的获利方式，做好得与失的权衡，才能够将利润最大化。

武超对小伙伴的建议是不要局限于固定玩法，要发散思维去找新玩法，新的玩法总会得到同行和粉丝的肯定。把一个封闭式的产品，玩儿成生态中的一环——个人品牌、微信、微博、在行、分答、简书、知乎、头条……粉丝经济才是重点，把所有的粉丝都能够收集沉淀下来，才有后续运作和新玩法开发的可能性。

如果你对武超的思考有兴趣的话，欢迎去分答调戏他。

研二在读，月入5W，4A创意文案，微信公开课作者，百度、阿里、微信、小米、滴滴发布会作者。在行PPT爆款202单。人称偷人老师Simon阿文的北京助理，微博武超_CC。🎤承接点歌任务♪♪♪♪

我已回答了444个问题
微信扫码，来"分答"向我提问

3.5　王立登：疯狂向大V提问是什么体验

王立登是我的一个小伙伴，他特别喜欢在分答上向自己喜欢的大V反复提问，这给他带来了怎样的收获呢？我们一起来看看他的故事。

王立登在5月21日开通分答，真正玩儿分答是在6月19日，也就是父亲节当天，他向秋叶大叔和教主萧秋水各提出了一个关于父亲的问题。

那时候王立登还没有想太多的东西，就是好奇，只是想听听他们的故事。但后来问秋叶老师的问题有了收益让他开始考虑真正开始玩儿分答，一个问题竟然可以净赚122元，既解决了自己的问题，还赚了钱，这样好的事情谁不想做呢？

6月29日，王立登开始建立微信群"益分享分答实验室"，和小伙伴们一起玩儿分答，互听互问。在立登向大V提问之后，一般都会分享给群里的小伙伴，尤其是坚持成长棒棒团总群的伙伴们，因为他提的问题基本上都是有共性的，大家都有兴趣偷听。

没想到的是收益大大增加，从5月底的每天几元钱一下子上升到了四五十元钱，现在每天基本上都能有两百多元的收益。

每天晚上10点半左右，分答会在微信推送收益通知，而他早上会习惯性地再看看，结果发现基本上每天夜里都能够再增加50元左右，真的是睡着赚钱。

结算通知
5月27日
恭喜你今日领取"分答"收益￥7.20，已自动入库微信钱包
结算时间段：2016-05-27 00:59:04
总额：￥7.20
截至目前，你的"分答"总收入：￥45.00。总收益：￥40.50，已领取：￥40.50，待领取：￥0.00。（收入90%归你，每夜领取，躺着获得"睡"后收入～）

详情

结算通知
6月29日
恭喜你今日领取"分答"收益￥212.74，已自动入库微信钱包
结算时间段：2016-06-29 22:30:01
总额：￥212.74
截至目前，你的"分答"总收入：￥936.96。总收益：￥838.76，已领取：￥838.76，待领取：￥4.50。（收入90%归你，每夜领取，躺着获得"睡"后收入～）

详情

有了这些激励，王立登基本上都会继续保持每天提出15～20个问题。回答问题的数量也开始增加，从5月底的每天一两个问题变成了现在的每天十几个，从而呈现出一个良性循环。

这期间他问得最多的对象其实是他欣赏的一些大V，那么在分答上疯狂向大V提问究竟是一种怎样的体验呢？

王立登说他向大V提问，首先是希望尽快解决自己的疑惑并加速成长。

他认为跟人学习是最快的方式。5月初看到分答，他发现分答上很多能够解决自己问题的大V也在。有时间的时候，他会去看一些自己很欣赏的老师的页面，比如秋叶大叔、教主萧秋水，还有袁岳。适当地偷听一些自己感兴趣的问题，因为这些问题真的可以启发到自己。

他还发现，频繁地向大V提问，能够让大V对他留下深刻的印象。当然这个过程中要注意提问的时候需要再三琢磨，尽可能提出高质量的问题，因为只有

高质量的问题才可以引起注意，才能够被选中回答。这些大V在分答上注意到他后，就很容易在微博、微信等平台给他更多的互动机会，建立更深的联系。等他和一些大V比较熟悉的时候，在分答上提问的气氛就开始活跃一点儿，偶尔多点儿"八卦"或者听听故事之类的问题。这样反而进一步加深了和大V的情感交流。正是因为立登经常向秋叶老师提问，这才获得了在本书曝光他个人品牌的机会。

　　而且王立登发现，在大V的分答上留下更多的足迹，对塑造个人品牌效果更好。因为他的提问很可能显示在大V的个人首页上，还有可能被选到分答热门精选提问里面。

　　如果问题提得好，那么收听的人自然多。收听多了之后就会有小伙伴们来看立登的分答页面，也会从大V页面吸引有和他一样苦恼的小伙伴来收听他的分答。

　　像立登提问战隼（warfalcon）老师的一个问题就上了热门，这样也就有了更多的个人品牌曝光的机会。那么，要是我们的标签和介绍也写得还不错的话，基本上就会吸引偷听者关注他的分答。

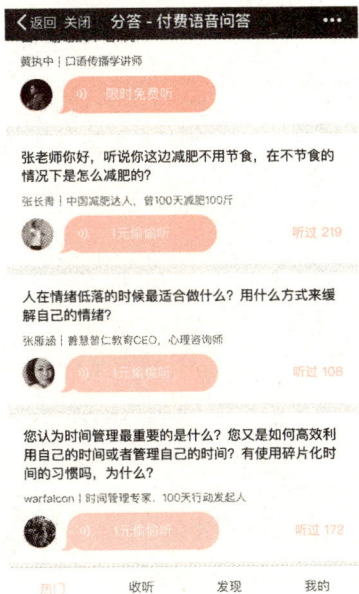

那么，王立登是如何选择提问大V的呢？

第一，首先会选择他知道并且很熟悉的。因为这样比较信任，也知道他们涉及的领域以及是否能够真的解决自己的问题，像秋叶大叔和教主萧秋水，基本上有问题都会向他们提问。

第二，选择自己偷听过的一些老师，像赵昂、warfalcon等等。向这一类答主提问的时候，他会看答主最近有没有回复，如果没有回复的话，答主可能是不怎么在这个平台回答问题的。还有一个就是看看其他小伙伴向他们提问的效果如何，比如收听数量、点赞数量。

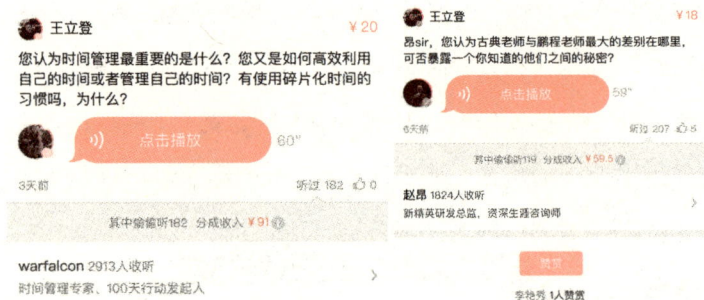

不过，王立登向大V提问前是舍得花时间做功课的。

首先，他需要弄清自己的问题，要搞明白自己想要解决的到底是什么，能不能清晰地表达好，并且只问一个问题。因为这样更方便答主回复，从而更好地解决自己的问题。

其次，他会查看大V的标签，找到1~3个适合解决自己问题的大V，然后提问。他不确定有的大V是否合适，就先翻看下他的问题，看看是否已经被解答过了，如果没有，就可以准备提问。如果已经有了解答直接偷听即可，在偷听的过程中如果不满意，就继续提问。

经常向大V提问之后，真的能有收益吗？写书时立登的分答总收入为1847元，总收益为1663元，其中向大V提问支出292.9元，收入608元，其中赚了315.1

元。总共回答102个问题，赚了1239元。

　　因为精心选择和精心提问，目前王立登提的问题，基本上都能回本。提问秋叶大叔的一个问题赚得最多——122元，提问高地清风的位居第二，赚回70.5元。

　　使用分答两个半月后，立登总结了一下自己疯狂向大V提问的收获：

　　"首先，让我跟很多的大V不再有遥远的距离。通过和大V接触，更快地塑造了自己的品牌。

　　"其次，大V的回答往往从不同的角度打开了自己的视野和思维格局；在提问的过程中，我发现很多大V的思维是比较开放的，经常能够讲出一些令自己惊讶和意料之外的答案，让自己的思维开了新的脑洞。"

3.6　苹果：为何我的提问能上精选推荐

苹果是秋叶老师的一个小伙伴，秋叶老师发现她提问自己和萧秋水的问题多次上了分答首页推荐，这自然给她赚回不少钱，也让几个答主跟着受益。为什么苹果总是能提出好问题？我们看看她分享的经验。

苹果是5月底开通的分答，她玩儿分答的初衷也很简单，就是为了向专业领域的牛人提问，解决自己实际生活中的问题。在这个过程中，她发现分答好玩的地方是提问者不仅可以收获知识，如果问题问得好，还可以被选入分答首页，获得更多的收益。

截至7月2日，苹果的分答收入是418.18元左右，收益376.36元。其中大部分的收入来自提问的收入，她一共提了19个问题，其中大部分问题都已收回成本。所有问题的成本210.18元，提问收入338元，总体收益率54.73%。其中，有6个问题收益率超过100%，因为有两个问题上了首页，收益率达到了378.75%和285%。

她向秋叶大叔提问的两个问题都被选入了分答的精选推荐：

虽然苹果提问秋叶大叔其他问题的收益率也不错，但显然上了首页的这两个问题，偷听的人明显比其他问题多出很多。这也是提问上首页的好处，增加

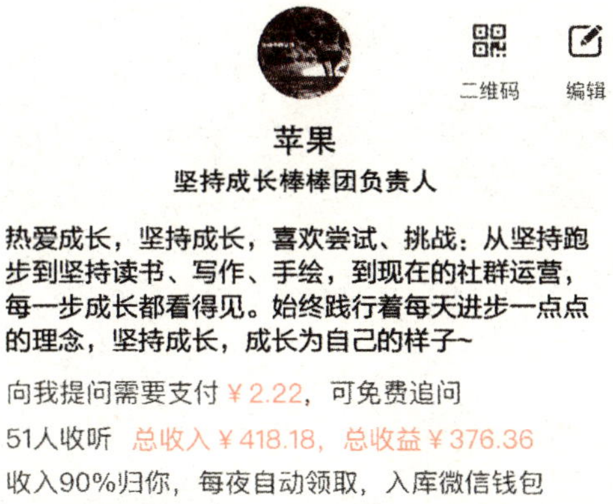
二维码
编辑
苹果
坚持成长棒棒团负责人
热爱成长，坚持成长，喜欢尝试、挑战：从坚持跑步到坚持读书、写作、手绘，到现在的社群运营，每一步成长都看得见。始终践行着每天进步一点点的理念，坚持成长，成长为自己的样子~
向我提问需要支付 ¥ 2.22，可免费追问
51人收听 总收入 ¥ 418.18，总收益 ¥ 376.36
收入90%归你，每夜自动领取，入库微信钱包

返回
分答
为什么说旅行是检验情侣的唯一标准?
赵波 | 作家、自由漂泊在国内外各地，双性恋
1元偷偷听
听过 128
大叔，如何提高自己的应变能力？另外，想知道大叔在发现自己犯错时的第一反应是什么?
秋叶 | 秋叶PPT创始人，秋夜青语志愿答疑者
1元偷偷听
听过 96
吴教授，作为职场人士，如何更好地调节压力?
吴翔-心理门 | 百单行家，心理学硕士，心理门创始人
1元偷偷听
听过 110
请给职场妈妈3条最实用的时间管理技巧，以便平衡陪孩子和更好地职场发展。谢谢!
热门
收听
发现
我的

返回 关闭
分答 - 付费语音问答
后事如何?有待您细细分解。
御史在途 | 原湖南省纪委预防腐败室副主任
1元偷偷听
听过 120
如何评价每次周杰伦出专辑都有人说“周郎才尽”？他近几年的专辑真的没有十年前好吗？周董到底是在进步还是退步，还是听众停滞不前?
邓柯 | 乐评人
1元偷偷听
听过 93
大叔，如何提高做事的条理性，在保证不犯错的情况下提高工作效率?
秋叶 | 秋叶PPT创始人，秋夜青语志愿答疑者
1元偷偷听
听过 96
上一次听歌听到哭是什么时候？您欣赏哪一种音乐的表达？汉化现状下，您怎样看待原生态音乐在当代的传承延续？谢谢您!
周云蓬 | 歌者写家旅行者，说学逗唱一知半解。
热门
收听
发现
我的

曝光率，带来更多的偷听。

秋叶	¥ 10 已回答

大叔，如何提升自己解构问题的能力？对于刚开始还没有建立起自己思考框架的小白有什么好的建议？

1个月前　　　　　　　　　　偷偷听 60　分成收入 ¥30

秋叶	¥ 10 已回答

大叔，如何学会聚焦目标？比如一段时间想要学习的东西太多，如何学会取舍呢？需要哪些考虑的因素？

1个月前　　　　　　　　　　偷偷听 72　分成收入 ¥36

苹果分析了为什么她的提问总是会上首页，总结出这样几条可能的因素：

1.平时注意记录提问的灵感

苹果提问的灵感都是来源于自己实际生活中遇到的问题，想听听一些牛人的看法，给自己提供一些思路。就比如她提问的如何提升工作条理性、应变能力、搜索能力，如何解构问题、如何聚焦目标等问题，都是来源于她在平时工作实践中遇到的一些困难。

无论你遇到什么困难，或者想要了解哪一方面的知识，都可以记录下来。你的问题也许是大多数人想了解的问题，这时候你只要选择好提问的对象、组织好提问的语言，一般都会有比较多的人偷听。

2.注意提问的表达

同样的情况，提问表达的方式不一样，效果也是不一样的。一个好的问题应该是要让大家第一眼就知道你在问什么，所以对问题的提炼就很重要。

事实上，很多人的问题都是大多数人共性的问题，但是为什么他们的提问偷听率比较低，她觉得可能和提问的方式有关。大多数人的问题不能在一开始就戳中大家的痛点，所以很难激起别人偷听的欲望，比如这几个问题：

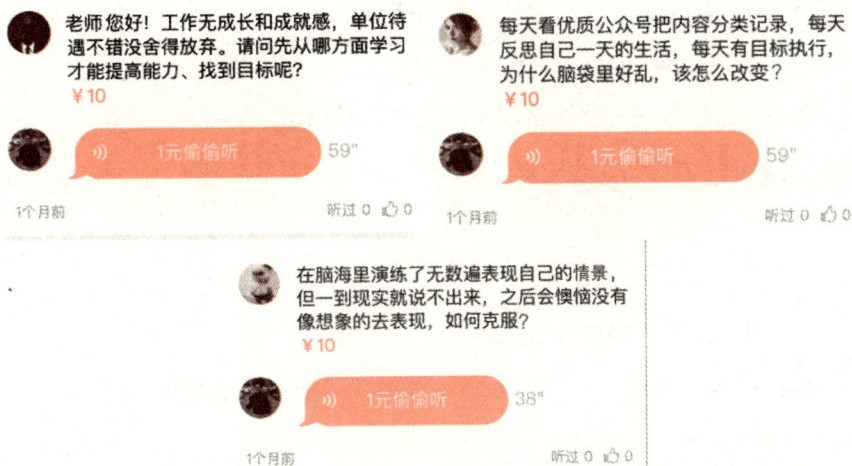

老师您好！工作无成长和成就感，单位待遇不错没舍得放弃。请问先从哪方面学习才能提高能力、找到目标呢？
￥10

1元偷偷听　59"

1个月前　　　　　听过 0 👍 0

每天看优质公众号把内容分类记录，每天反思自己一天的生活，每天有目标执行，为什么脑袋里好乱，该怎么改变？
￥10

1元偷偷听　59"

1个月前　　　　　听过 0 👍 0

在脑海里演练了无数遍表现自己的情景，但一到现实就说不出来，之后会懊恼没有像想象的去表现，如何克服？
￥10

1元偷偷听　38"

1个月前　　　　　听过 0 👍 0

　　这些问题其实就是在问，如何找到目标、如何提升能力、如何选择、如何梳理思路、如何克服恐惧。但是在我们第一眼看到这些问题的时候，不能马上反应出他们在问什么，自然就很难引起我们的共鸣、激起我们想去偷听的欲望。

　　而苹果在一句话中就点出了自己要问什么，然后再补充一些背景的东西。所以大家看到第一句话的时候就觉得和自己有关系，继续看背景觉得和自己情况也差不多，所以就会想去听听看。所以，提问和写标题一样，如何在第一时间就抓住别人的眼球很重要。

　　提问前可以多看看别人是如何提问的。平时可以多关注提问比较好的人，为什么有些问题偷听比较多，有些偷听比较少？为什么有些问题，你看了就想偷听，有些问题你看了却没有偷听的欲望？这样的思考多了，自然而然就可以提出好的问题了。

3.找到合适的提问对象

　　如何使自己的问题让更多的人偷听，其实提问的对象也很重要。首先，你需要思考你提的这个问题是不是提问对象擅长的领域，他是否可以给出好的回答。

其次，还要思考他的影响力如何、活跃度如何、粉丝黏度如何、回答的质量如何等等。这些都是需要思考的。就比如苹果提问的对象主要是秋叶大叔、教主和王立登，一方面是因为她对他们比较熟悉，另一方面是因为他们的影响力比较大，在分答上也比较活跃，回答问题的质量都很高，所以比较利于传播。

4.积极扩散并转发微信群和朋友圈

找到一个好的提问对象，提出一个好的问题。接下来最重要的就是进行一定的扩散和转发。苹果在收到提问的回答之后会转发到自己比较活跃的群里，让大家偷听。因为这些圈子都是同好，价值观比较接近，偷听的人也会比较多。比如苹果向萧秋水提出的第一个问题，收到回复之后就转发到一些群里。

所以，一个好的问题加上一个好的回答，大家就会愿意去偷听，听完之后也会收获很大。

5.注意诱导收听并转发的文案设计

苹果在转发分答链接时特别注意文案的设计，好的推广文案才能诱发别人偷听的兴趣。

苹果
哈哈，大叔这个回答更赞，直击要害，
完全改变了我之前的看法，训练思考
框架从记录想法开始～

秋叶回答了"大叔，如何提升自
己解构问题的能力……"，值……

34天前   删除

♡   You Can !

💬   辰
听了好多遍👍👍👍

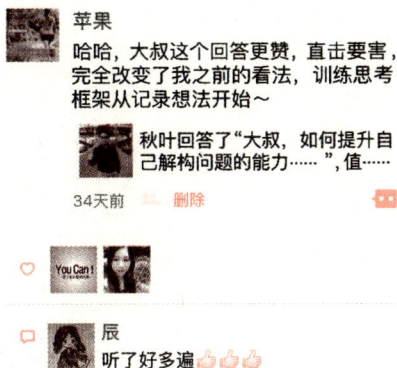

对于分答提问进首页这个事情，苹果还有一个建议：

不要为了提问而提问，不要刻意追求能否进首页，而是要明确自己玩分答的目的首先是为了解决问题。

很多人看到别人在分答上赚了钱，也想通过提问赚钱，所以会绞尽脑汁去思考如何提问，苹果觉得这样的做法本末倒置。能否进首页？分答的偷听率高不高？这些都不需要刻意去追求，如果把自己太多的时间、精力放在这上面，会得不偿失，背离自己的初衷。所以我们应该以玩儿的心态去玩儿分答，不要太在意结果。即使偷听的人不多、没有进首页，你也收获了知识，这就已经够了。

苹果觉得自己在玩分答之后收获了很多意外的东西。首先，她收获了很多知识。她提的那些问题都是自己比较困惑的，通过分答提问，她从这些大咖身上学到了很多，他们的回答也给了她很多启发。其次，通过分答的提问，她渐渐和一些牛人熟悉起来，比如秋叶大叔、萧秋水、教主等，甚至也让她获得了一些和大V合作的机会。

所以，苹果认为分答是一个很好的产品，不仅在收获知识的同时把钱赚了，还提供了和牛人交流的机会，并且这种交流是高质量的。

分答

④

如何在分答上做出高质量的回复

4.1　好回复的三个标准

分答上有很多答主回复问题，甚至很多相似的问题被不同的提问者问了不同的答主，那么在分答上看到类似的提问，怎样才能知道哪个答主的回复质量更高呢？

我们认为优质的回复应该有三个特征：

内容有料

好回复首先需要有好的内容才能吸引人一步步听下去，而不能只是由干巴巴的观点组成。其实不管是文字回复还是语音回复，内容为王这一点都是肯定的。

《奇葩说》的辩手邱晨，在分答上的标签是喜欢辩论和设计的斜杠青年，他回复如何沟通的内容就很有料。

提问：虫仔，当我对生活中一些事发表异见时，周围总有人会用"你行，你上啊"来反对，请问怎样应对这种呛声？

回答：有三种方法可以解决这个问题：第一个方法，就是强调咱们的角色本来就不一样，我批评一个事情，不代表我有义务把这件事做得更好。比如说，咱们都会批评中国足球踢得烂，没理由我必须踢得比他好才能批判他。就算有人说："那你行你上啊，让你去踢，你踢得下去吗？"那你可以反过来说："那让你看你看得下去吗？踢得这么烂，对不对？好难忍的。"

第二个方法，就是要压低自己，抬高对方。是的，我就是不行，怎么样呢。比如说，我抱怨班长办不好事情的时候，班长会说："你行，你行你上啊，你以为班长这活儿好干呀？"那你就完全可以说："我就是知道自己不行，才没有去选班长嘛。你既然当选了，我以为你一定比我好喽，看来是我看错你喽。"

最后一点很简单，告诉他："好啊，那我上。但你得下来才行啊，好多时候位置是单一的，不是我想上就能上的。你滚下来，我就可以上。"

声音有趣

其实回答一个人的提问时，文字可以更严谨、理性和客观，但人为什么愿意听语音？

因为一个人的声音可以传递一个人的情绪、状态，甚至性格特点。很多人很喜欢这种真实的状态，有时候文字可以掩饰的信息，声音却可以反映出来。比如有一次秋叶老师分享自己的回答到微信群，小伙伴就听出他没有休息好，声音听起来有点疲惫。

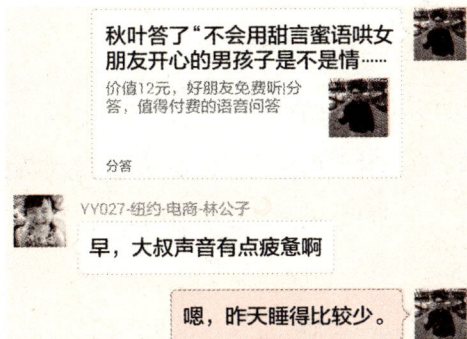

秋叶答了"不会用甜言蜜语哄女朋友开心的男孩子是不是情……
价值12元，好朋友免费听分答，值得付费的语音问答

分答

YY027-纽约-电商-林公子
早，大叔声音有点疲惫啊

嗯，昨天睡得比较少。

所以，分答的魅力不仅仅在于答案精彩，也包括声音有趣。注意我们强调的是声音有趣，而不是你的声音必须标准得像一个播音员一样才叫好。分答用户希望听到的是专业答主有温度的声音，而不是四平八稳、流畅无误的好声音。

我们建议你讲完以后可以自己先听一遍，看看语音有没有哪里含混不清，有没有不合时宜的停顿（这会让别人觉得你的回答是很敷衍的，没有经过用心准备），有没有无意义的语气词，还有会不会声音太平淡无味，让人觉得没有兴趣。

像有一次网友问秋叶遇到老是拖欠工资脾气还不好的老板该怎么办的问题。

这次秋叶老师回复得很简短，开头第一句话就是近乎咆哮着说："让他滚！"

但很意外的是，这条充满情绪的语音得到很多人点赞，因为是秋叶大叔分享到朋友圈免费偷听，还有偷听的朋友觉得不过瘾，主动为秋叶老师这句"让他滚"打赏。我们认为是秋叶老师声音里表达出来的对这种无良老板的愤怒，赢得了很多网友的认可。

还有一次，一个人问秋叶老师一个关于渣男的问题，秋叶老师很生气地回复："对这样的渣男，我只有一句话：'让他滚。'"秋叶老师几乎是喊出了这个答案，很明显带了自己的情绪，没有想到，就这个几秒钟的回复，也得到很多用户的偷听、点赞和自发扩散。看来任何平台上，只要你用媒体表达出了网友当下的情绪，就容易得到共鸣。

另外在分答回复时，如果能在音调变化上多一些个人的特点或者偶尔卖个萌，其实也蛮讨网友喜欢的，因为他觉得你接地气。我们觉得分答需要的不是中国好声音，而是有态度、有情感的声音。

时长合理

网络上各种提问和答疑，大都不能收费，为什么分答却可以，而且分答语音回复的时间最长也只有一分钟，有些知名答主一天却可能会收到成百上千个提问。

这里面很重要的一个原因是分答语音回复的方式更像有人专职、专门为你回复，语音答疑更偏向于服务，而文字答疑则偏向于分享。人愿意为服务付费，但不愿意为分享付费。在网络上人的潜意识观念里，服务是有成本的，你必须为我一个人花费时间，所以付费是合理的，而文字分享方便传播，而且扩散成本越来越低。大部分人潜意识里认为：既然你得到了名气回报，所以我可以不付费。

这就是为什么分答可以收费，而百度知道很难收费。如果这个逻辑成立，那么花钱买语音回复的人当然希望你的回复在保证质量的前提下，越接近一分钟越好，因为这样显得服务的诚意和质量更好。

其实很多问题在一分钟内是很难讲清楚的，所以下一节我们来给大家介绍一下，有哪些讲话框架可以帮助我们快速准备有质量的内容。

4.2　有哪些好框架能帮我们一分钟快速回复问题

多点归纳法

一个问题往往会有多个解决方案，或者需要考虑多种情况，或者存在多种观点。遇到这样的问题，使用并列法，你可以把事情的原委说清楚。

在分答这个平台上，你只有60秒来回复问题，于是有人喜欢用"三点归纳法"，即"我讲三个点""有三种方法"，等等。这种方法会让听众觉得你的发言很有结构感，这是一个很常用的组织语言的技巧。

举例：

提问：有人问互联网公司运营总监、在行行家张丹茹这样的问题："每次和老板'谈薪'都紧张，应该注意什么？"

回答："有三点需要注意，第一就是'谈薪'的时间。一般情况下，有半年或一年的时间你需要跟老板谈薪，这是一个最大的范围。另外，你需要在什么时候和老板'谈薪'也是有讲究的，你可以在周五比较轻松的时候找一个机会跟老板谈，你也可以在两人出去见客户回来的路上，选择一个比较轻松的时候谈，或者是你刚刚做成了一件比较好的事情或完成了一个比较大的任务后说。

"第二就是你需要一个让老板给你加薪的理由，也就是说，你在跟老板谈之前要把你过往的一些成就做一些准备，甚至是跟你在同一个岗位的人做一些对比。比如说你做得怎么样，你近来的表现是怎么样的。"

"第三你需要跟老板表达，现在市场的水平大致是怎样的，你希望老板可以让你有一个更充分的理由留在这个公司。"

也有人喜欢加快语速，短、平、快一口气讲七八种情况，把所有的情况简要罗列出来，做高密度的信息输出，这种也很受欢迎。

举例：

提问：妇产科医生协和张羽似乎偏向于在短时间内归纳最多的干货知识。有人问她："为了女朋友，男生应该掌握哪些妇科知识？"

回答："第一，要爱她；

"第二，不强迫她发生非意愿性的性生活；

"第三，即使你是处男，也别嫌弃她不是处女；

"第四，如果不打算生育，一定要避孕；

"第五，自己买安全套，别拉着女朋友去买事后紧急避孕药；

"第六，将来分手，不把这段交往作为你吹牛皮的谈资；

"第七，交往期间尽量保证一对一的性伴侣关系，降低女朋友发生性传播疾病的风险；

"第八，如果女朋友痛经，准备暖宝宝和止痛药，痛得严重，带她去看医生；

"第九，如果女朋友几个月不来大姨妈，要考虑月经失调或者怀孕，带她去看医生；

"第十，如果女朋友超过21岁并有性生活，提醒她每三年做一次宫颈防癌检查。"

总分强化式

很多问题你可以直截了当给出你的判断或者结论，然后再给出解释，最后再强调一遍结论，对发言进行强化。

举例：

提问：有人问"说话教练"黄执中："明明脑子里有一大段说辞，可真正到说出口的时候就各种混乱，如何才能清晰而有逻辑地表达呢？"

回答："首先，你要知道，一个人说话之所以会混乱，最大的问题就在于你脑子里有一大段说辞。

"对，没错。你脑子里的那一大段措辞不是优点，而是缺点。因为，如果你想要清晰而有逻辑地表达事情，你脑子里应该有的是一两句重点。

"所谓重点，意思就是你要问自己：如果我没有时间说完这一大段话，而且只能说三句，我会说什么？再如果，实在不得已，连三句话都只能挑一句讲，那么我会怎么做割舍。此时，你就挑选出了自己最想要表达的观念。

"最后，省略铺陈与客套，第一句就要说出你的核心观念。

"如此一来，无论是继续说还是大家继续听，彼此就都不容易混乱。举个范例，你可以重新听一遍这段回答。"

这个回复首先指出了你的问题症结所在，然后给出你的解释，接下来再告诉你怎么改进，应该怎么做，然后以总结结束。

最后答主还给你举了个例子，想要学习、模仿，你再听听我的这个回答吧。这一分钟的回答，真是紧凑。

举例：有人问协和张羽："痛经时喝红糖水、热水有用吗？"

回答："红糖水还是有点用的，但基本都是对付那些生理性痛经。以下情况需要看大夫：

"1.痛经越来越严重，晕倒在地，或者卧床不起；

"2.月经量多，有大血块，贫血；

"3.经期拉肚子，肛门有坠胀感，大便便血；

"4.痛经时间延长，不来月经的时候也痛；

"5.性交痛，尤其是后进式，插入比较深的时候（此处有点污，捂脸一秒钟）；

"6.卵巢有巧克力囊肿，或者子宫增大；

"7.怀孕有困难。"

"这些年，我见了太多红糖水一熬就是十年不来看病的姑娘，等到生不出孩子才被诊断为'子宫内膜异位症'，丧失了大好的治疗时机。所以，姑娘们啊，长点儿心！"

可能对比式

对比式答疑思路其实就是给题主多一个开放式选择，让他看到更多的选择，也可以通过对比创造出回复的趣味性。

比如一个问题如果是男人会怎样做，如果是女人会怎样做，如果是一般人会怎样做，但如果是创业者的话会怎样做？比较好的做法是什么，不太好的做法是什么？

这样回复问题简单明快，还有说服力。

举例：有人问秋叶大叔："跟一个好友暧昧了很久，可对方不告白，我很想知道这段关系将走向何方，我该怎么问？"

回答："该不该问，首先得看你是男生还是女生。如果是男生，一般是女生在等男生主动把关系挑明。既然一直都很暧昧，你不妨大胆地直接问她：'我昨天在想我的女朋友需要符合什么条件，我把条件一列，1、2、3……咦，怎么好像符合的人是你啊？'

"如果你是女生，不妨提出一个小而具体的要求，但这个要求似乎只有男朋友才会答应。比如你可以请他：'你帮我去买个卫生巾，好不好呀？'这是一个一般只有亲密关系才会向男朋友提出的请求。如果他答应你了，相当于他接受并愿意做你的男友，等他拿东西过来，你很自然把手给他牵就好了。"

层层递进式

层层递进式，是回答问题时非常常用也是非常好用的逻辑框架。

递进有非常多的类型，你可以用时间发展式递进，比如第一周你应该如何做，第二周你应该如何做，第三周你应该如何做；也可以用类型式递进，比如初级段位的人会怎样做，中级段位的人会怎样做，高级段位的人会怎样做；也可以用流程式递进，比如建议你第一步做什么，第二步做什么，第三步做什么。

下面我们来看两个例子。

例一：有人问生涯咨询师赵昂加薪的问题，赵昂给出了一个典型的按步骤递进的答复。

提问："老板在什么情况下愿意给员工加薪？员工找老板谈加薪时要做什么准备？"

　　回答："首先，自己的工作要做到超过自己薪水本身的价值。有两种实现形式，一种是把工作完美程度做到超出一般人，第二种是工作内容超出职位的要求。

　　"其次，直接跟老板谈，'我觉得我的薪水该涨一涨了'，这不需要太多的技巧，直接讲就好了。

　　"再次，在你讲之前要做好预案，你要想到他如果不同意给你加薪的话，你有可以跳槽的预案。

　　"我们看这三点，其实核心就是价值，当你能在工作中体现出超出薪水的价值的时候，就可以谈了。"

　　例二：有人问穷游锦囊关于出国旅游的问题，穷游锦囊给出了针对不同英语水平的旅游者的针对性答案。

　　提问："没出过国，第一站先去哪里旅游比较好？"

　　回答："如果你的旅行经验不是很丰富的话，可以从以下四个方向选择目的地，从简到难。

　　"第一，说中文的地方，比如新加坡。新加坡以说英语为主，华人比例比较高。

　　"第二，旅游业比较成熟、中国人比较多的地方，像日本、泰国、马来西亚，这些都是可以首选的比较成熟的中国出境游的目的地。

　　"第三，如果你有英语基础的话，可以去以英语为母语的国家，比如美国、英国、澳大利亚。

　　"第四，寻找那些成熟的发达国家，他们不一定说英语。比如西欧、法国、德国这些国家。那里的基础设施比较完善，也比较安全，年轻人说英语的比例会比较高，沟通上也不会有太大障碍。"

2W1H法

首先确认问题是什么（What），然后向提问者解释原因为什么(Why)，最后告诉提问者应该怎样做(How)，这也是一个简单、易上手又非常行之有效的答题思路。

举例：

有人问Luxenius这样一个问题："每天睡十小时还是很困，怎么做白天精力才会充沛？"

回答："晚上睡够了，白天还是困，最常见的就是'睡眠呼吸障碍'。这样会导致整个睡眠过程都是缺氧状态，白天就会很难受，还会增加心血管疾病的风险。

"另外，抑郁、焦虑也会导致白天嗜睡。如果这些情况都没有，你可以这样调整：晚上在固定的时间上床，床只用来睡觉，不要躺在床上玩手机，等等；三餐时间固定；中午可以午睡但绝不超过半小时，下午再困也不睡觉，每天做半小时有氧运动。

"如果这样做了还有问题，就去睡眠门诊做个睡眠检测吧。"

这个解答过程，Luxenius首先告诉你睡了很久还是困最常见的是"睡眠呼吸障碍"。然后解释为什么会这样，最后告诉你调整的建议，简洁明快。

情景假设法

分答上的很多提问都是我们在日常工作、生活中普遍会遇到的情况，如果答主设身处地站在对方的角度考虑问题，告诉对方：假如我在某个场景，我会怎样去处理；假设我是问题中的角色，我会怎样处理；等等，这样就会拉近你们之间的距离，增加提问者对你的信任。

举例：

提问："应聘工作，过程很顺利，面试官最后问：'你对我们还有什么问题吗？'我特别想拿下offer，这时候问什么最好？"

答主胡渐彪回复："在面试即将结束时，通常面试官对你的印象或多或少已经定型了。这时候不论你问什么说什么，改变通常不会太大。

"那么这时候如果是我，我会怎么问呢？我会这么说：'请问面试官先生，既然面试已经结束了，请您针对我今天面试的表现说说您的看法，您对我的印象是什么样的呢？'

"为什么？

"第一，如果对方已经决定聘用我，那么通过这个问题我会知道，我在他心中的优点和缺点是什么，以此我会知道日后进入公司需要怎么做，才能够满足他内心的期待而不至于让他失望。

"第二，如果对方已经确认不会聘用我，那这个问题也有好处，我能够通过对方提出的想法知道在以后的面试中要怎样表现，才能够避开我今天在面试中犯下的错误。"

举例：

提问："不小心发现爸妈的结婚证书上的年份比我的出生年份还晚两年，内心有些崩溃，该怎么向爸妈问我的身世之谜？"

答主刘京京回复："我会这么问，先铺垫一下，说：'哎，爸妈，我前两天看新闻，说有一对夫妻领养了孩子，孩子长大之后偶然知道了事情真相，发现自己不是他们亲生的，但仍然非常孝顺他们、非常爱他们。我觉得这样挺好的，做人就该这样。'

"然后再问：'我看你们结婚证书，发现你们结婚日期竟然比我的生日还要晚两年，好像这跟一般的程序不太一样，这里面有什么故事，你们给我讲讲呗，我很想知道。'

"为什么要这样问呢，前面那一大段的铺垫，其实是为了向父母传达一个信息，就是你能够接受的最坏情况是什么。

"因为你发现结婚日期的问题时，可能有很多疑惑：要不然你是领养的，要不然你只是其中一方的亲生子女，要不然就是父母奉子成婚……这些情况中最糟糕的就是领养，你跟你的父母完全没血缘关系。其实父母一般是怕你接受不了这种打击，但如果你能接受这种情况，就可以放心啦。"

经典故事法

人人都爱听故事，故事的趣味性、可解读性高，很多高手也喜欢通过讲故事来让听者领悟其中的真意。当然，在我们回答对方问题时，可以通过对比和延伸故事中的场景到实际生活中解决问题，可以加上自己的感悟和总结来画龙点睛。

我们发现很多分答答主喜欢用大家喜闻乐见的故事导出自己的观点，比如下面的例子。

举例：

有人问黄执中："嘴笨的人在被对方挑刺的时候如何回嘴，有什么技巧吗？如何解决身为屌包的苦恼？"

黄执中答："在《射雕英雄传》里，洪七公教郭靖武功，因为郭靖笨，不会见招拆招，所以洪七公就告诉他：'你根本不用去管别人怎么打，反正你就练好一招'亢龙有悔'，到时候无论什么情况你都会给他一掌。'

"同样的道理，最笨的人被人调侃，就要用洪七公的这个思路。人家叽叽喳喳，说你不会做人、不够大方、没有品位，你就默默听完，然后摇摇头说一句：'嗨！我完全了解为什么你们会有这种看法。'——结束。

"这招看似简单，却有诀窍。一是你那一摇头一叹气，要有那种听傻人说傻话，却不想跟他们一般计较的感觉；二是'我完全了解为什么你们会有这种看法'，这句话有点绵里藏针。翻译成白话就是'我当然知道你们这种low B会这样想'，但你又不说穿，所以大家不会撕破脸，不会扩大战场。然后既然他们说的你都了解也不反驳，很自然地，大家就可以换话题喽。

"可是说得简单，但要达到完美的效果需要勤练，好吗？"

举例：

有人问鹦鹉史航："如何拒绝别人可以让对方更容易接受？"

史航答："我在很小的时候喜欢读武侠小说，读到梁羽生先生的《冰川天女传》，那里面的主人公金世遗就写过'不是平生惯负恩，珠峰遥望自沉吟'。

"这两句诗的意思：是不是我这辈子习惯了辜负别人的好意，但我现在看着珠穆朗玛峰在想自己的事情。

"'此身只合江湖老，愧对嫦娥一片心。'这样一句话相当于白话，应该听得懂。

"总之，核心在于三个字：我不配。当你把你不配的理由说得威武雄壮的时候，人家就会觉得，你都这么不配了，我只能放过你。人家虽然被拒绝了，但获得了对他人生的肯定。这就好了。"

妙用比喻

担心自己没讲明白，想要加深听众的理解，想要增加一下回复的趣味，那么，比喻是最好的把一个问题简单明了说清楚的方法。我们从上小学开始学习语文，就一直在接触这样的修辞手法——比喻。

举例：

当有人问职场高手、果壳网COO姚笛："您有什么给刚入职的年轻人的建议和忠告吗？"

姚笛给出了一个职场与江湖的比喻：

"想象一下一个初入江湖的年轻人会面临什么样的选择，有可能他进入名门正派，如少林、武当；也有可能是一个普普通通的江湖门派，甚至镖局，或者进入朝廷做了捕头、侍卫。这些组织在选人、用人和培养人的标准和方法上应该是不大一样的，就跟现在的国企、私营企业、外企、大公司、初创企业差不多。但我觉得这些其实都不重要。因为假如你加入了华山派，可惜你遇见了岳不群，或者说你现在被江湖上默默无闻的江南七怪收养，但是这并不妨碍你将来成为一代武林宗师。

"好，所以我认为选择的公司并不重要，选择的主管和直接的领导才是最重要的。当然我还有另外一条建议，就是在你只学了花拳绣腿的时候，千万不要去仗剑走江湖，这样的话会被分分钟秒杀。"

引用名言法

有些事情与其自己说半天，不如直接采取拿来主义。一段名人名言，或者是网络名言，马上就把问题说清楚了。

举例：

比如有人问秋叶老师："男朋友因为家里不同意，就这么和我分了，大叔怎么看？"

回答："这位同学，送你几句话。第一，**爱情是两个人的事情，结婚是两个家庭的事情**，这句话你终于懂了？

"第二，**你绝对不是唯一有伞，仍然被淋湿的人**。也许超过一半的情侣都遭遇到家人不同意在一起的情况，知道这一点你也许会好受一点儿。

"第三，送你一句真话，**说过分手的人，一般是回得了过去，回不了当初**。留不住的还请早点放下，与其留恋过去，不如我们选择相信未来。"

秋叶老师这段回复里加粗的文字，其实都是网络上曾经流行的爱情语录，用在这里恰到好处又很有层次，格调也提升了，对吗？请你们知道真相后不要打秋叶老师。

明确定义法

有些提问者在问题里会谈到一些概念，·但这个概念的具体含义又没有讲，如果我们不先为提问者的概念做一个定义，然后在界定范围内作答，很容易形成双方一个概念，两种理解，最后就是鸡同鸭讲。

很多时候，通过改变概念，可以帮助你巧妙却又坦诚地解决问题。

举例：

黄执中老师在分答上遇到过这样一个带攻击性的问题，他利用改变定义法回答得非常巧妙。

提问："黄执中，你就是个小丑。这个您怎么破？"

黄执中答："首先，什么是小丑，字典里面说，小丑就是装疯卖傻，用滑稽的言辞与动作，来娱乐大家、逗大家笑的人。

"这里面有两个关键：第一是装疯卖傻，意思是小丑其实不疯，也不傻，才需要装疯卖傻；第二，是用滑稽的言辞来逗大家笑，你想想，一则笑话为什么好笑，是不是就是因为这则笑话里的笑点大家猜不到，而且越是猜不到，越是出乎意料，笑话才越好笑。

"所以，如果有人能用笑话逗我们笑，那就代表他那则笑话的智商比我们高。如此一来，什么是小丑呀，其实是一个比我们都聪明，并且用装傻来逗我们笑的人。这里面有三个特色：一是聪明，二是仁慈，三是幽默感。

"是的，你说得对，我就是个小丑。"

反向提问法

有时候我们可以反过来对题主提出反问或一系列问题，帮助对方有效思考自己的问题，有时启发别人思考比简单给一个答案会更好。

举例：

有人问秋叶老师："父母不同意我暑假在外面兼职，我该怎么选择？"

回答："我其实也有点担心你能否胜任外面的兼职。因为如果你遇到一点阻力，连父母都说服不了，怎么让人相信你能独自在外面做好兼职？

"你是不是可以考虑一下做一个兼职计划？告诉父母有没有合适的单位可以去？每天几点出门、几点回家，有没有小伙伴一起去？准备通过兼职学到点儿什么？我就不信你把计划做到这个份上你的父母还不松口。"

举例：

有人问："唉，面试失败，如何提高说话水平……"

秋叶回答："请问你提前预测过面试官会问哪些问题吗？

"你提前把合适的回复写成答案了吗？

"你有没有把你的答案请人指点或者在网络搜索建议修改完善呢？

"你有没有把修改好的面试词反复排练背熟？

"请问你面试失败后有没有回忆面试官的提问，然后有针对性地写出答案，并重复以上流程。请问以上那些方面你做了哪样，同学？"

思维提升法

有时候我们不能顺着提问者的思考方式去回答，而是要超越他的思维水平，提出一个完全不同的思维模式。比如我们可以逆向思维，提出更宏观的想法，不要简单归因你的问题。在这方面，《奇葩说》辩手邱晨的分答回复可圈可点。

举例：

有人问："公司刚组建，彼此都不熟悉，气氛冷清。公司组织了聊天、爬梯来破冰，面对陌生的同事，问什么问题比较好？"

邱晨这样回复：

"对于破冰局上的提问，大家都有种错误的期待，期待用这一个问题能hold住全场。

"所以有些人的提案都是比如：'我们一起来玩个游戏好不好、我们一起去吃饭好不好。'——这种征求别人同意的提案都不是真正意义上的提问。

"我可以举个例子：'请问你的名字该怎么写呀？'这个提问有两重含义：1.我已经知道你的名字。这一瞬间可能对方会有一丝的惊喜。2.我对你这个人的基本信息还蛮有兴趣的。这样也比较有利于你们建立更加亲密的联系。而且它可以引申出更多的提问，比如你家人为什么要这么叫你呀，你还有没有其他的花名，等等。这些都方便你们互相之间了解。

"所以，好的提问不是让你用来hold住全场，是用来向别人表达你的好奇心以及兴趣的。"

举例：

提问："介绍五本对你改观最大的书？如何高效地记忆和学习知识？犯懒和拖延症该如何克服？"

邱晨回答："几本对我影响最大的书：高一物理、高一化学，高二物理、高二化学，高三物理、高三化学。哎呀，你问这几本书对我有什么改变？跟你说，如果没有这几本书的话，我是不会去转学文科的，你懂嘛。哎，这是开玩笑。

"我知道很多人都想知道：你都看什么书呀，你有什么技巧呀，学这学那的等等。问出这些问题的人，其实都有一个暗含的前提：我只要看了这本书，我只要掌握了真正的技巧，我只要找到了那一把钥匙，我就可以打开通往成功的大门，对不对？打开就是，我只要看了书就可以改变，我只要掌握了这个技巧我就不偷懒了、不拖延了。

"没有这种东西，不拖延的技巧，就是不拖延，立刻去做，OK？所以，我想告诉大家的是，没有这样的技巧存在。"

具体场景法

有的提问者提出的问题太大了，足以写一篇文章或者一本书来解答，一分钟的时间怎么能讲清楚？

有时候提问的人说的问题过于模糊或宽泛，让答主不知从何下手去回复。

遇到这种情况，答主不如主动把提问简化或者具体化，然后再来作答。

举例：

有人问职场高手、果壳网COO姚笛："职场新人怎么做才能化解初来乍到的尴尬，并且在短时间内融入到新的工作圈子中？"

回答："所谓尴尬，就是你不知道该说什么、不知道该做什么，那是什么原因呢？无非就是你不了解情况，不知道事情的来龙去脉。知道这样的问题的原因，答案就非常简单了，就是你去找那些了解整个过程的人，也就是老员工，多去跟他们交流，多去跟他们请教。

"道理就是那么简单，当然很多新人就是意识不到，为什么呢？因为新人天生对其他新人有身份认同感：我们一起入职，那我们一起怎么怎么样的。好，你要知道，你什么都不懂，他什么都不懂，你们聚在一起，最终还是什么都不懂。所以，切忌跟其他新人做过多的交流，要将更多的时间花在老员工身上。

"这个时候你可能会担心了，我也不熟悉他，他为什么会帮我呢？我告诉你一个诀窍，就是办公室里的白领都是吃货，吃人家嘴短对吧，你多送几次零食，以后想请教他们问题，他们都会告诉你。"

举例：

在微信群"知识型IP训练营"里，我们的一位小伙伴鱼头在一个项目合作中，作为产品经理的他和设计经理在沟通上产生了问题，认为对方在沟通过程中"带有情绪"，问面对这种情况该如何解决？

对于不清楚事情具体情况的我们，贸然给出具体的指导意见很可能不适合当时的情景，甚至起反作用。这时，群里做职业咨询的马华兴老师给出了一个这样的思路：

"1.换位到设计经理。假如你是设计经理，你觉得那个产品经理怎么跟我谈，我才会干活儿。

"2.换位到自己佩服的导师。假如你是你的导师，面对这样的状况，你会怎么处理？

"3.换位到导演视角。站到导演角度来看你们沟通的状况，你觉得这个桥段里印象最深的情节是什么，假如继续演下去，你觉得那个产品经理怎么演才能推进剧情？

"4.换位到未来视角。假如半年后，你们的产品成功了，欣喜之余，你怎么看待与这个设计经理的冲突。如果半年后的你给现在的你一个建议，你觉得会是什么？

"多视角、多场景地换位思考，让我们设身处地理解对方的所思所感，不仅理解了对方的位置处境，也会更加体贴和耐心地与对方交流，从而达到良好的沟通效果，会更加高效地完成合作项目。"

神转折法

一本正经地回答你的问题，干货满满或者诚意满满，甚至条理清晰，妙语连珠，但讲到最后，突然来一个大转折，或者情节出人意料，或者语气、话锋突转，令人颇感好玩。

举例：

比如2016年7月23日下午，在北京八达岭野生动物园发生1死1伤的老虎伤人事件在网络上引发关注，有人问："如果遇到老虎，我们该怎么应对？"

网络上有一个神转折的回答非常火，它是这样回答的：

"身为一名专业的猛兽饲养员，可以非常确定地告诉你，当你遇到老虎，而老虎正盯着你看的时候，证明你已经进入了它的菜单。此时，切记不可低头弯腰暴露要害，否则会让它误认为你是某种想吃就可以吃的食草动物。也不可转身逃跑，因为就算你是博尔特也绝对跑不过一只壮年的老虎，反而会给了它扑倒你的信心。

"此时应尽量站直身躯，目光严肃而充满怒气地张开双手，口中发出大喊大叫的声音——比如，'草泥马来吃老子啊'。

"这样死得比较有尊严。"

举例：

在分答发起的"生命分答"活动中，所有答主都需要回答这样一个严肃的问题："如果生命只剩下最后60秒，你想对这个世界说些什么？"

果壳网、在行和分答的创始人姬十三是这么回复的：

　　"很小的时候，有一天，我和堂弟坐在门槛上，两个小孩子不知为何聊起了死亡。刹那间，我仿佛被电击中，浑身战栗。此后，我的一生都在寻找生命的意义和本质。

　　"我曾经通过生物学去了解它，我也试图通过俗世去了解它，我用尽浑身解数去探索它。我的一生都陷入一种'知其不可为而为之'的热情中，一种对抗空虚的充实中，一种瓦解无意义的战斗中。

　　"而现在，终于到了这张考卷的终结，我看清了死亡的脸。我希望在最后60秒，我能够坦然地、大声地告诉这个宇宙：'老子真是TM挺努力的！'"

4.3   如何高效准备一分钟的干货回复

一个人越有名，就越会遇到这样的苦恼：网友一旦信任你，会什么问题都拿过来问你。特别是如果你的一次回复让他满意的话，他会把自己遇到的所有问题都拿来问你——他就是想看看，假如你遇到这种问题，你会怎样应对。

对于不在答主专业范围内的问题，当然可以选择拒绝。但很多答主也会遇到和专长领域有关但你却没有特别研究过的话题，那么怎样才能快速准备好回复呢？

其实方法很简单——请教大神。

大神就是搜索引擎，直接把你遇到的提问丢到搜索引擎。一般而言，网友很难提出新问题，绝大部分问题在网络上都已经有人回答过，而且其中不乏精彩答案。我们现在需要做的工作是结合自己的体会，整合网络上你认同的观点，组织出好的答案，这也等于是节约了向你提问的网友的时间，等于是你帮他们查了资料。

如果搜索引擎还不够，你就需要查书、查资料、查数据库，争取提供更完美的答案。所以，做一个好答主也是需要花费时间的。像秋叶老师在微信里收到一个网友的提问提示：

用户提问通知

7月26日

T先森很信仰慕你，并向你扔了一个问题。

问题内容： 我也是个老实人，也到适婚的年龄了，还没找到对象，我身边好多女生都嫁给了大叔 。爱情中和大叔相比，小鲜肉的优势在哪里？

问题类型： 公开

发生时间： 2016-07-26 07:19:40

速去回答这个价值¥12.00的问题，也可选择立即"拒绝回答"。

———

详情

秋叶老师把问题简化成："我身边很多女生嫁给了中年大叔，年轻人优势在哪里？"百度搜索果然有很多相关结果。

通过阅读这些相关文章，一方面可以启发我们很快做出好的回复，一方面也能启发我们用不同的角度来回答别人的问题，一举两得。

不过我还有一个建议，如果你想成为一个优质答主，不妨收听和你类型一致的优质答主，看他们有没有遇到和你类似的问题，你也偷听一下别人的回复，看看别人是如何回复这种问题的。

偷听其他人的语音回复，可以让你进一步思考除了提供有自己独特思考的观点外，是否在语言风格、发声技巧上也可以形成有自己个性的表达。要知道，即便是同样的文字，不同的人念出来，给人的感觉也是完全不同的。

我们相信随着分答积累的问题增加，未来分答肯定会考虑提供技术手段让网友快速搜索和评论答主的回复。我们多花一点儿时间准备有质量、有个性的问题回复，未来就会带来更多的偷听机会。

4.4 让你的回复更受欢迎

制造意外

走专业路线的答主如果总是一本正经地回答问题，会比较闷，特别是对于经常提问的老粉丝，如果每次都一本正经地回复专业问题，也会让人感觉疲惫。

很多类似的问题被反复问，答主也会产生职业疲倦。所以适当地制造一点意外，给别人带来惊喜感。

第一招：卖萌

制造意外的手段很多，学会卖萌是非常需要的。本书作者秋叶大叔现在被很多人看作是一个中年网红，作为网红必须会卖萌啊。比如你可以在答疑时突然加一段萌化的音调，让网友觉得你也会卖萌，就是一种很好的手段。

秋叶老师的分答主页就有小伙伴邀请他唱歌，结果真的很多人要他唱歌，甚至要点歌。他的分答早期最受欢迎的一个问答就是让他唱一首代表制作PPT灵魂的歌，结果偷听的人好多，想知道秋叶老师到底唱了哪首歌，你也可以扫码偷听一下。

曾进   ￥10

能跪求唱一首歌，且代表制作PPT的灵魂吗？

点击播放   57"

3个月前   听过 171 👍 2

友情提示：秋叶大叔唱歌以习惯性跑调出名。

第二招：跳出别人的提问思维局限

很多提问者是在请求你提出看法，但问题是，他的问题本身就是对可能性的一种局限，顺着他的思维去回答，那恐怕永远都无法有精彩的答案。所以答主需要跳出别人思维里的坑，用更大的视野格局来回复。这也就制造了思维上的冲击，也就带来了意外感。

比如有一次林公子问秋叶老师："不会用甜言蜜语哄女朋友开心的男孩子是不是情商不高？但从另一个角度来说，这样的男孩婚后更可靠，安全系数更高，是吗？"

秋叶老师提出了不同的看法，情商高的男生未必愿意优先花时间去哄女生，男人婚后是否会出轨更多取决于他的社会和经济地位，不知道你是否同意秋叶老师的回答，不妨扫码去听听。

林公子 🌙   ￥12

不会用甜言蜜语哄女朋友开心的男孩子是不是情商不高？但从另一个角度来说，这样的男孩婚后更可靠，安全系数更高，是吗？

点击播放   59"

6天前   听过 386 👍 9

其中偷偷听266 分成收入 ￥133 ⓘ

第三招：当头棒喝，击破妄念

秋叶老师的个人品牌运营上，"PPT"这个标签很有名，而且他通过PPT经营事业也还算成功，所以很多人请教秋叶老师："小白如何学才能通过做PPT赚钱？"

对于这样的问题，秋叶老师开始实实在在地告诉大家通过PPT赚钱的可能途径，后来干脆就当头棒喝，直接告诉提问者：

"会做PPT是有用的职场技能，不是让你发财的最佳途径，能通过做PPT赚到钱的人很少，即便赚到，大部分也是熬夜的辛苦钱，而且在很多行业顶尖人才眼里根本看不上这点儿收入。只是因为你们是大学生，学会PPT这种职场必备技能相对容易一点儿，加上看到有的人做PPT赚到钱了，就以为赚钱是因为别人会做PPT，产生了一种妄念而已。"

还有人问秋叶老师："在没有一技之长的情况下，如何利用现在的自媒体等一些新兴的事物成为一名斜杠青年呢？可不可以给几个方向及建议？"

秋叶老师怒答："做人最重要的是不要贪心，你没有一技之长，还想在新媒体上做斜杠青年？你连工作都会出问题！记住，看着天的时候，先看看地上有多少坑。"

想听完整答案？可以扫一扫下面的二维码。

秋叶老师，在没有一技之长的情况下，如何利用现在自媒体等一些新兴的事物成为一名斜杠青年呢？可不可以给几个方向及建议呢？

満天星 ￥12

点击播放 58"

4天前　　　听过518 👍 41

秋叶 4199人收听
秋叶PPT创始人，秋夜青语志愿答疑者

赞赏

小西儿，杨😊杨 3人赞赏

这样的当头棒喝，击破妄念，可能有人不喜欢，因为很多人来提问不是来解决问题，其实是来求答案、求认同的。但对于思维有局限的朋友，恰恰要打开他的思路，给他更多的可能性，我觉得制造这种意外也是负责任的答主要做的。

一个小秘密：当头棒喝如果喊出了很多人的心声，那么在朋友圈的偷听和转发就会特别多。

创造场景

1.不妨植入环境背景声

有的答主为了让提问者有好的体验，会找一个安静的环境来答疑，这当然是负责任的态度，但是有时候巧妙利用背景音植入到你的分答语音中，也会增加很多乐趣。

比如有一次秋叶老师在分答的时候，不小心录进了女儿说话的声音，结果很多朋友圈的朋友偷听后跑来问——你身边的那个女孩子是谁？

哎，有的朋友就是思想太不纯洁。

还有一次剽悍一只猫问秋叶大叔一个关于读书的问题，当时他正走在马路上，就一边走一边回复语音，结果连汽车喇叭声都录制进去了。当猫叔把这段语音分享到微信群的时候，很多小伙伴就在猜秋叶老师是在哪儿，反而变成了一个激活互动的亮点。

想了解，不妨扫码偷听一下。

2.加速讲话频率

看过《中国好声音》节目的朋友，想必对华少的广告印象很深刻，华少的高频吐词也是节目的一大亮点。

同样，我们可以尝试对提问者提供高密度的攻略，加上一点点声调变化，会非常受欢迎。

有一次，一个网友问秋叶老师："怎样优雅地拒绝别人借钱，请列出几点。"结果秋叶老师一口气列出了毕生拒绝借钱的五大招，语速飞快还带着腔调地在55秒内回复了这个问题。

结果，这一回复大受欢迎，偷听的人超过200个，收入近乎是提问成本的11倍。

3.变换回复身份

有时候秋叶老师答疑累了，就换个身份来答疑。他会说秋叶老师出差了，现在是秋叶的母后大人，或秋叶大叔的小助手在答疑，然后一本正经地回复你的问题，也会有巨大的反差效果。

不过这一招适合经常提问、对你比较了解的粉丝，对不熟悉的粉丝不能滥用。

照顾情感

1.先帮助别人接纳负面情绪

很多提出问题的人都是自己遇到了麻烦，甚至是遇到了无法接受的情感问题。那么遇到这种提问，我们首先应该帮助提问者接纳自己的负面情绪，只有先照顾到别人的情感，你的回答才能让别人听进去。

比如有一次，有个订阅者问秋叶老师问题，秋叶老师在回复的时候没有批评他的心态问题，而是直接告诉他可以怎样做，如何一步步地处理这种心态。这样，就让他内心那种"会不会被别人看不起"的幼稚心态得到了放松，最后专门发追问来感谢秋叶老师，这真是让人欣慰。大家也可以扫码听一下秋叶老师的回复。

🎙 鹿洛　　　　　　　　　　¥12

大叔，努力时总害怕被别人知道，别人支持或嘲讽都会让我不自在，在优秀的人面前自惭形秽，害怕接触，怎么破？

　　　　1元偷偷听　　58"

9天前　　　　　　　　听过144 👍 2

追问

谢谢大叔，我不敢听，但还是点开了，哭着听完的。谢谢大叔。

　　　　追问附赠听　　5"

9天前

还有一次，提问者问的问题是关于暗恋的。如果按照传统观念来说这似乎是不合适的，但是秋叶老师首先安慰提问者这件事情是很正常的，很多男生都有过。在这种问题上与其提供答案还不如先让提问者释放不必要的心理压力，压力不释放，是很难解决他的心病的。

如果你们有兴趣，这个问题也可以扫码听一下。

2.用自己的亲身经历制造情感共鸣

有一次，秋叶老师意外发现自己给林公子的回复非常受欢迎，问题是："你觉得真正靠谱的男人身上应该有怎样的品质？"

秋叶老师觉得这个问题的答案之所以得到那么多人点赞，关键就是他主动回顾了自己在年轻时、结婚前和结婚后对"靠谱"这个词的理解，最后又用了一句铿锵有力的金句收尾。

用自己的亲身经历来回复提问者的问题，很自然会制造情感共鸣，也会引发更多偷听者主动传播。

3.代言大众化情感

上一个提问之所以受欢迎，很重要的一点是秋叶老师最后一句话代表了很多人的看法：一个靠谱的男人首先要有责任感。这句话得到了很多人的认同，所以这种代言了大众化情感的回复往往更容易得到传播。

像王立登在父亲节提问秋叶老师的回复之所以偷听的人很多，很重要的一点就是秋叶老师谈了自己作为父亲和孩子的情感，这种情感在这个特别的日子激起了共鸣。

王立登　　　　　　　　　¥10
秋大，今天父亲节，分享一件你为父亲做过的最感动的事情吧。

1元偷偷听　　53″

1个月前　　　　　　听过 325　👍 4

4.5　如何让你的回复更吸引人

并不是每一个高质量的回复，都能吸引人来偷听。要吸引别人偷听你的回复，我们还是需要在回复策略和推广上想一些办法，所以，本节会分享一些能帮助大家提高自己回复问题吸引力的小技巧。

技巧1：尽量答够60秒

在同等条件下，人们总是觉得花同样的钱听60秒的回复比听30秒的回复划算，所以尽量回复到55～60秒，这会增加别人偷听你的回复的可能性。

技巧2：先扩散到朋友圈，让更多人免费偷听

如果你觉得你的提问质量不错，可以先扩散到微信群或朋友圈，请大家在六小时内免费偷听。

虽然免费偷听没有收入，但是一方面你培养了朋友们偷听你语音答疑的习惯，另一方面你的问题如果有很多人偷听，对于后面看到问题的人，就会产生

信任感：这么多人偷听的问题，质量一定不错，我也偷听一下。

还有一个意外惊喜就是偷听多的问题，有可能被分答推荐到首页。这样的话，如果你的问题显示有很多人偷听，就会吸引更多人去偷听。

但一定要记住，如果你觉得你的回复质量不高或者没有特点，请不要扩散到朋友圈或微信群，因为这样会浪费别人对你的信任。

技巧3：诱导偷听者点赞

在朋友圈或微信群请大家偷听时，建议在扩散文案上写一句：要是觉得我答得不错，请顺手点个赞!

有了这个暗示，会有很多朋友给你的回复点赞，一个点赞多的回复自然会吸引更多人偷听。

技巧4：付费赞赏偷听

如果一个回复特别好，会有人主动赞赏这个回答，请他的朋友们偷听。反过来说，一个回复如果有很多人在下面点赞，也是让别人觉得这个回复值得偷听的重要影响因素。

对于你得意的问题，不妨请你的几位好朋友帮忙赞赏、扩散一下，一方面扩大偷听的人群，一方面有赞赏的回复，扩散时也可以增加偷听的吸引力。

技巧5：放开免费追问权限

分答允许答主设置别人是否可以免费追问，有的答主可能会觉得免费追问会带来更大的答疑负担。

但是，如果一个人愿意继续追问，也说明他满意你的回答，否则就不会追问了。所以答主甚至可以没有讲完就发送语音，等别人追问时再利用追问功能补充观点。

更有意思的是，很多人利用免费追问来表示对答主的感谢。那么这种感谢的话，对你的问题回复就是一个非常棒的偷听加分项。

不知道你们看了这追问，有没有想偷听的冲动，来吧，扫码！

4.6　如何让一个好回复得到传播

分答毕竟是一个新的互联网工具，要让大家习惯使用它，还需要持续推广。所以作为分答答主，也要适当努力推广自己的回复，让更多人偷听，慢慢一起做大分答，让这个知识付费的咨询工具成为大家的生活必备品，这样专业答主才能借助分答的成长带来更多的可能性。

分享到朋友圈和微信群

如果你觉得自己的回复还不错，应该主动扩散到朋友圈和关系不错的微信群。在答主回复六小时内，这些内容都是可以邀请朋友免费听的。

但是关键不是转发，而是写出好的转发文案，诱发大家的好奇心，而且要特别注意和朋友圈偷听的朋友留言互动，激发更多朋友来参与偷听。

比如秋叶大叔在扩散分答到朋友圈时，往往会写一个有参与感的互动话题或者能诱发好奇心来偷听的文案，等大家偷听评论了，再及时在朋友圈里回复。

假如你适当地在朋友圈用分答互动，说不定有一天你就会发现你的朋友出现在你的分答提问区。

如果准备转发到微信群，最好是结合话题形成一个讨论的氛围。这样后面想加入讨论的人，就会偷听你的分答，并且想加入话题，这样就可以让分答偷听人数一下子多起来。

比如有一次，秋叶老师发了一个这样的话题到知识型IP训练营，一句话就把话题引爆了。仅仅十分钟，偷听人数已经超过45人。

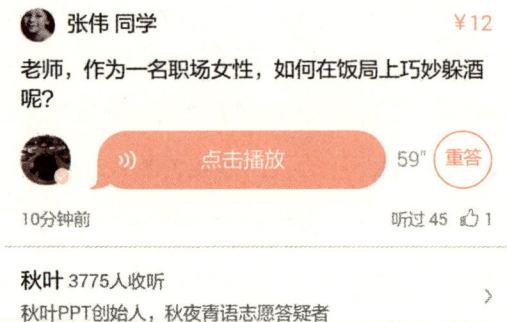

让我们看看，秋叶老师是用什么套路引导群聊分答话题的。

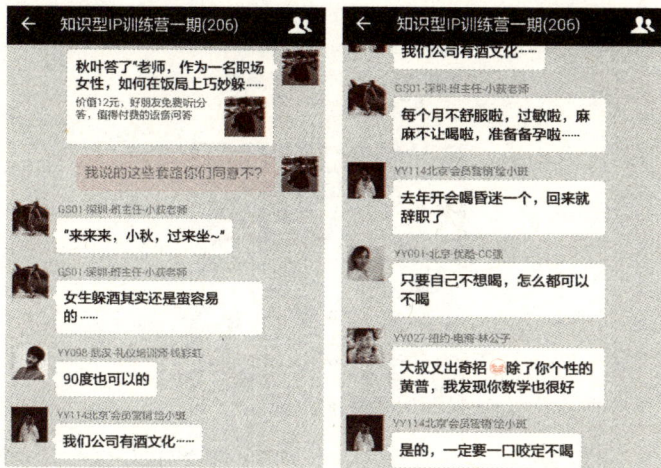

另外如果你的人脉多、人品好，可以主动私聊朋友们帮忙扩散你的分答提问到他的朋友圈和微信群，进一步扩散偷听人数，培养向你提问的人。

和微信无缝捆绑植入

分答平台和微信平台是无缝结合的，要推广你的分答提问或回复，而你又是有一定影响力的微信大号，最佳模式是在微信文章中提供优质分答二维码的阅读诱导。

比如我们在微信公众号"知识型IP训练营"中经常分享营员的优质分答内容，我们把分答链接转成二维码，把问题复制到微信文章中。

下图就是我们在微信公众号"知识型IP训练营"里文章的截图，把萧秋水的分答回复变成二维码图片，感兴趣的读者可以直接长按图片进入分答页面偷听。

除了放二维码图片，在底部微信文章诱导大家点击【阅读原文】偷听也是一个好办法。其实微信偷听场合还包括关键词回复，比如我们可以在文章结尾提示大家回复某个关键词，然后微信弹出分答链接给大家偷听。

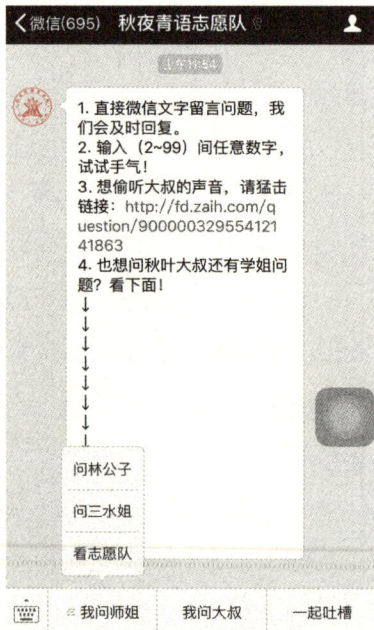

　　在微信号"秋夜青语"志愿队里，我们直接把一个有趣的分答提问链接放在关注后的自动回复里面，这样每天新增关注微信的用户都会看到分答链接。如果点击了就有可能偷听，我们选择让大家偷听的问题是："怎样优雅地拒绝朋友向自己借钱？"

　　我想对定位是大学生的微信号而言，这个问题应该是有吸引力的吧？

　　除了微信链接，其实在微信下面的菜单中，我们提供的都是分答链接，而且特意用箭头引导大家关注。这些"套路"，你会拿去用在你的账号里吗？

带动身边同好建立分答社群

　　在知识型IP训练营第二期，开通分答的小伙伴们主动建立了一个分答微信群，里面有100多人。大家在群里分享运营分答的经验，互相提问为彼此的分答导入第一批高质量问题和偷听人气，还主动分享彼此的好问题。

　　在一个社群的影响下，分答不仅仅成为建立个人品牌和知识付费通道的武器，更成为大家培养社交温度的一个新的链接平台。

　　所以，我们建议在一个圈子里玩儿分答的人，可以考虑主动建立微信群，大家互相支持，互相激励，反而能形成小的能量场，把每一个人都带起来。

　　还有的朋友，把身边的粉丝会集起来，建立了一个免费的分答群，鼓励小伙伴们免费偷听、帮助扩散，带动自己的分答平台影响力，同时也通过小伙伴们的反馈，改进自己的回复质量。

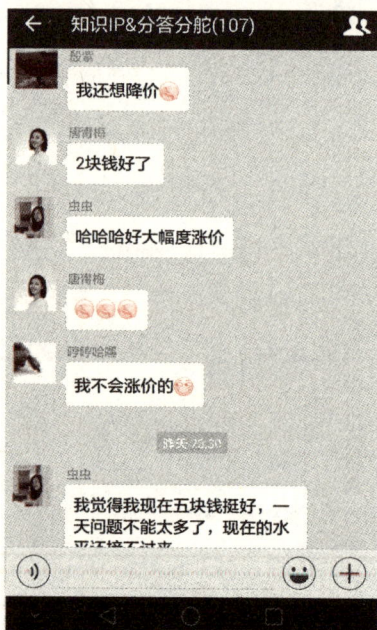

分谷

5

如何推广你的账户

5.1　如何让别人知道你的账户

当你成功开通分答后，满心欢喜等待着问题飞来，结果过了三天，还是没一个人提问。这是怎么回事？

你需要广而告之，让全世界的朋友都知道你开了分答啊！

发私信告知朋友你请他们来"分答"，而不是"芬达"，把你在分答回复的问题发朋友圈、微信群去扩散。

如果你有微博，可以发微博宣传，最好是写文章引导别人去微信搜索分答。因为截至本书成稿，分答链接直接发微博弹出的提示还是要你用微信扫一扫，这个跳转体验可不太好。

微信扫一扫，进入下一步

虽然从微博引导到分答跳转体验不佳，但如果你试试萧秋水老师这种诱发好奇心的长微博分享，也许更有效。

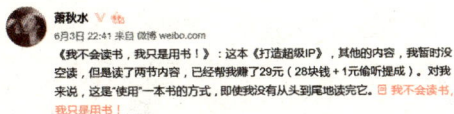

在这条长微博里面，萧秋水老师明确指出：请拿出微信扫一扫二维码，听一段如何打造个人IP的语音。对萧秋水老师的回复满意的人，也许会向萧秋水提一个自己的问题吧。

如果你有博客，不管是在哪个网站，写博客时要带上你的分答二维码，请别人用微信扫一扫，也是一个不错的传播建议。

比如秋叶老师在自己的豆瓣博文上加上了分答的链接，果然有读者偷听并好奇那是不是他的声音，第一次听到秋叶老师黄冈普通话的朋友是不是会有点失望？

另外请朋友写文章推荐，特别是知名大V推荐你的分答，也是非常有效的推广途径。像萧秋水老师就经常在自己的微信公号里推荐有才华的小伙伴的分答账户，这种互推不是互推微信公众号，而是互推分答账户，也是一种很好的导流方式。

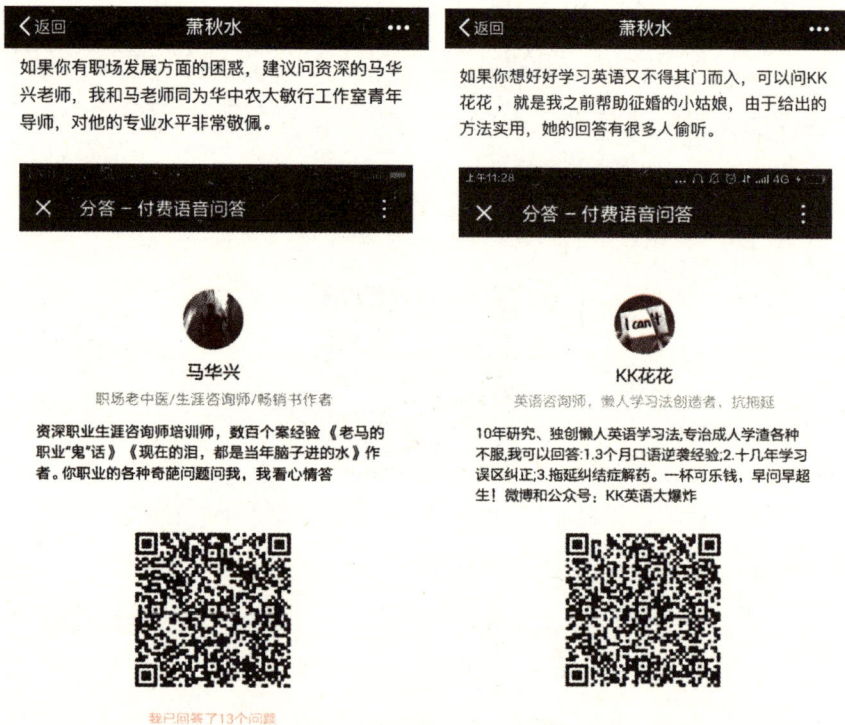

目前，各式各样的社群和分享平台活动非常多，微课、在线讲座、直播等方式的粉丝互动方式层出不穷。当你受邀到一个社区内做分享，结束后不妨将自己的分答账户链接或者二维码分享给大家，如果有疑问可以在这里找到你，向你咨询。

下面就是常子冠老师在一场微课结束后向大家分享了自己分答链接的截图，他收到了不少粉丝关注和新的提问。

陈花　　　　　　　　　　　¥6.66

怎么样在1000多个列表中找出100多个想要的数据？提取的数据顺序不能乱，课里没讲到vlookup的怎么操作和批量查。

点击播放　　　60″

8天前　　　　　　　　　　听过22 👍2

其中偷偷听17 分成收入 ¥8.5 ⓘ

常子冠 166人收听
大学老师，演讲爱好者

如果你是一位图书作者的话，那么现在完全可以考虑在自己的图书里面植入分答账户。

在秋叶老师的《和秋叶一起学职场技能》这本书中，我们在前言结束的地方，就放置了自己的分答二维码。

和秋叶一起学职场技能

叶一起学职场技能》课程后，提出的更高级的需求。

所以，我们决定编写《和秋叶一起学职场技能》课程的同名图书，这本书的设计可以看作是网易云课堂《和秋叶一起学职场技能》在线课程的提高读物，并非是把云课堂的课程用图书形式再讲一遍，没有内容是重复的。这一点要特别提醒购买过同名在线课程的读者。

另外要说明的一点是，这本书的写作是由我和萧秋水、佳少老师一起完成的。我们想尝试一下对话体写作的模式，我和秋水、佳少面对面就一个话题聊天，我们将对话整理成文，再补充干货，形成一篇篇文章。我们希望这种对话体形式能更吸引大家阅读。这种写作的灵感其实也是因为我们网易云课堂《和秋叶一起学职场技能》在线课程采用的对话体设计形式大受欢迎。

我和秋水、佳少老师都是在职场有各种跨界经历的人，而且都常年坚持给职场新人答疑解惑，我们都看过太多的职场故事，这些案例我们选取最典型的话题，按职场成长顺序，分为新人篇、提升篇、充电篇和规划篇4个单元，我们相信无论是对职场新人还是有一定工作经验的人，都会有所启发。

最后，希望你们读完本书，认为本书是一本诚意满满的图书。

秋叶

微信扫码
向秋叶提问吧

从理论上说，图书和分答提问相结合是一个非常有潜力的方向。在积累了足够多的分答问题库后，在图书每一章每一节，都应该考虑放一个和本章内容相关的分答语音回复。这样，当读者看完书且意犹未尽时，还可以花1元偷听一下作者的语音，甚至顺便提一个读书遇到的让你疑惑不解的问题。我们认为如果分答和出版业结合，这是一个非常有前途的方向。

5.2　如何将我的分答与微信公众号绑定

相比微博和微信这样的社交平台，分答目前的定位更接近于语音付费工具，本身虽然能够吸引收听，但传播性并不强，需要依赖微信朋友圈或微信群扩散。

那么对普通人而言，微信平台扩散能量主要是依赖个人的朋友圈和加入的微信群数量。但是对于开通了微信公众账户的分答答主和企业账户来说，还有一个更有效的分答推广途径——把分答账户和微信公众号绑定。

把分答链接关联到微信公众号的自定义菜单。

除了像前文所说的设置微信号的自定义回复会弹出分答链接外，很多企业开始把自己的微信公众号菜单设置为分答链接。

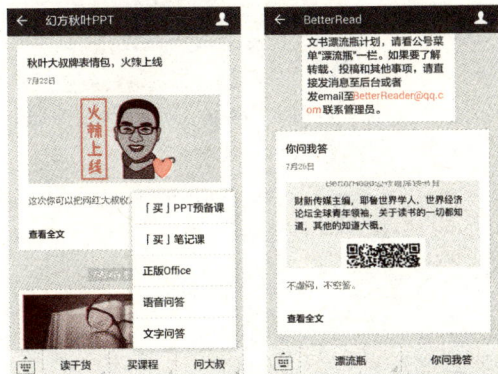

像微信公号BetterRead在底部菜单"你问我答"放上一篇文章，里面放了分答答主王烁的分答账户，引导大家扫码提问。

在秋叶老师的微信公众号"幻方秋叶PPT"里，直接放置了跳转到分答个人首页的链接，我们认为，这种直接到达的跳转方式也许更有效，特别是对于分答简介清晰明白的账户。

分析后台数据显示，如果是二级菜单的话，最底部的菜单点击量更大。所以秋叶老师现在把分答账户，也就是"语音问答"菜单和"文字问答"菜单做了对调。

版本	一级菜单	二级菜单	菜单点击次数	菜单点击人数
2016072401	问大叔	语音问答	34	30
2016072401	问大叔	文字问答	70	64

微信菜单可以链接分答提问首页，也可以链接一个我们认为是精彩的提问。我们认为对于秋叶公众号的读者而言，让他们花1元偷听可能感兴趣的提问，比让他们付费提问更容易。

所以，现在秋叶老师的微信菜单设置是直接放一个微信公众号，也是读者最可能关心的一个分答高偷听问题的链接，希望能诱导读者点开后直接偷听，进而带来更多提问的人。

通过微信公众号使文章扩散

1.写分答运营心得的干货文章

如果你运营分答有成效，其实最简单的方法是写有干货的软文为自己的分答账户引流。萧秋水老师刚刚开始运营分答有心得时，就写了多篇文章分享自己的运营心得。

她连续在微信公众号"萧秋水"里写了三篇文章《有了分答，知识就可以为你做牛做马》《加快学习速度和保障效果，你可以这样做》《在种下了216个问答之后，终于可以睡着赚钱了》，分享自己的运营经验。这些文章一石激起千层浪，引发大量微信读者提问和互动，大家看看评论，感受一下话锋。

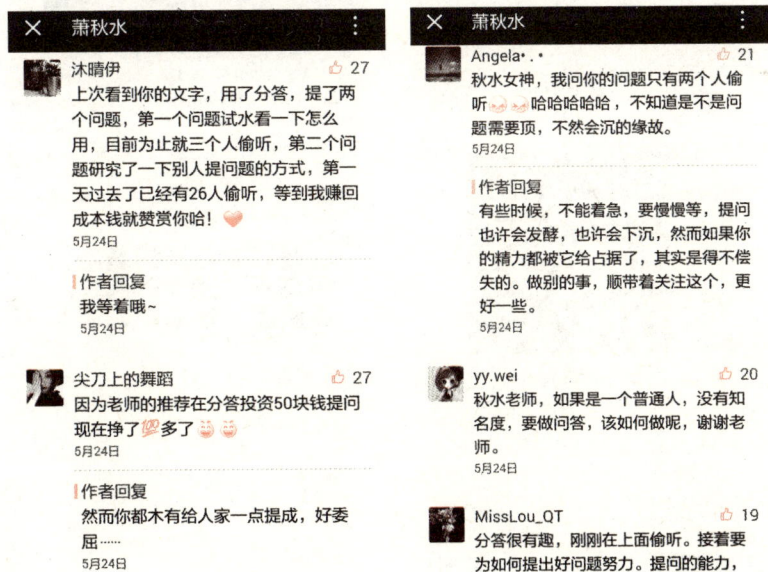

我只能说，一说到人人都能通过分答赚钱，大家注意力就是高度集中啊——说好的要做知识的朋友呢？

2.在微信文章中自然植入分答二维码

精彩的分答回复完全可以成为文章素材，尤其是链接转二维码很方便。比如萧秋水老师微信公众号文章《你不是时时需要顾及他人的感受》很自然地介绍了自己在分答里的一段回复，顺便提供二维码给大家扫。

这篇文章阅读量很高，很多人赞赏文章后还意犹未尽，又去分答偷听秋水老师的语音回复，然后顺便提个问，在这里好的分答素材为微信文章也加分了。

关于这一点，分答官方的建议是：您也可以将分答上的答案编辑成文字内容，变成您的文章分享，并带上您在分答的链接，这会是一个极佳的增强互动和内容沉淀传播的方式。

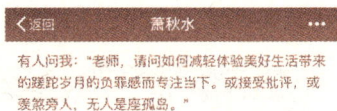

3.在微信文章中植入分答问题链接

罗辑思维的微信账户就自己开发了一个插件，可以在微信的推送中，直接插入分答问题的链接。这一招不得不说非常棒，人们对直接的链接点进去的欲望更大一些，而对于扫描二维码等需要多步骤的操作觉得麻烦，便放弃了。而罗辑思维的分答问题链接又是放在文章尾部的，当读者看完一篇文章，感兴趣的话就会直接点击链接，听听语音，而不必担心听完语音后还需要返回原文来看文章。

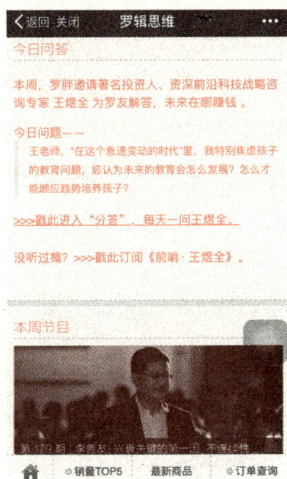

4.在微信文章结尾植入分答二维码

本书作者林公子在自己的微信文章后附加了分答链接，不过她的分答链接非常用心，我们一起来看一下她的链接图片设置。

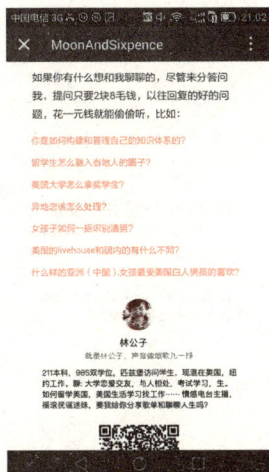

我们认为有三个细节做得非常好：

A.提供历史分答问题清单，诱导别人提问的欲望；

B.简要介绍分答费用和用法，打消消费顾虑；

C.强化扫一扫提示，提高转化率。

现在我就问一句，你有扫码偷听吗？欢迎你去分答告诉作者林公子。

5.在微信公众号自动关注等处设置关键词诱导

在秋叶老师的微信公众号"秋叶PPT"关注默认自动回复中，专门留下了"分答"关键词，只要新关注账户的订阅者回复"分答"，就会弹出关键词回复链接，直达分答主页。

设置好关键词后，还可以在文章中引导大家回复关键词"分答"来偷听语音，而且可以跟进近期精彩回复更换语音链接内容，这也是为分答吸引粉丝的一个渠道。

5.3　重视运营和品牌推广带来的免费曝光机会

作为一个处于上升期的新兴平台，分答也在非常努力地运营和推广自身品牌。如果我们抓住分答运营和推广自身品牌的活动机会，就可以实现借势免费推广。

下面为大家介绍几种在分答上可以获得的免费曝光机会。

关注分答发起的话题活动和悬赏问题

打开分答主页，赫然呈现的是"问题榜"下的问答列表。与"问题榜"并列的有"悬赏"和"讨论"两个栏目，"悬赏"区是分答用户提出问题、确定赏金后所有答主都可以参与回答的；"讨论"是@分答时刻发起的话题讨论活动，同样所有答主都可以回答。

2016年6月20日，分答推出的"生命分答"在分答平台上分享自己关于"生命最后60秒，你会想说什么"的回答，是第一次"讨论"活动的开启。

其后，分答多次发起公共话题的讨论，这些话题更贴近大众的生活，几乎所有人都可以参与其中。这也正是分答的目的，让尽可能多的人说出自己的故事，获得更多的参与感。

点击"我也来答"，你就可以来录制自己的60秒语音回复，就有可能获得免费曝光的机会。

因为所有的回复都会显示在讨论区页面，所以你的回复有机会直接被感兴趣的分答用户看到并偷听。

回答完问题，你还可以为自己的回复添加30字以内的简要描述。因为讨论话题下的所有回复都是免费收听，如果你的描述吸引人的话，一定会有人点击播放，这样你的声音和名字就会被更多的人知道啦。

同样，在悬赏的问题中，如果有你力所能及回答的问题，你都可以去尝试给出自己的见解。一两次偶尔的曝光可能根本吸引不了任何人，也不会为你带来任何影响，但如果你坚持参与每期话题讨论或者悬赏，逐渐也会形成你自己的特色。就像你如果在每期话题中都看到林公子长长的语音回复和认真的文字描述，难道不会好奇地去关注她一下吗？

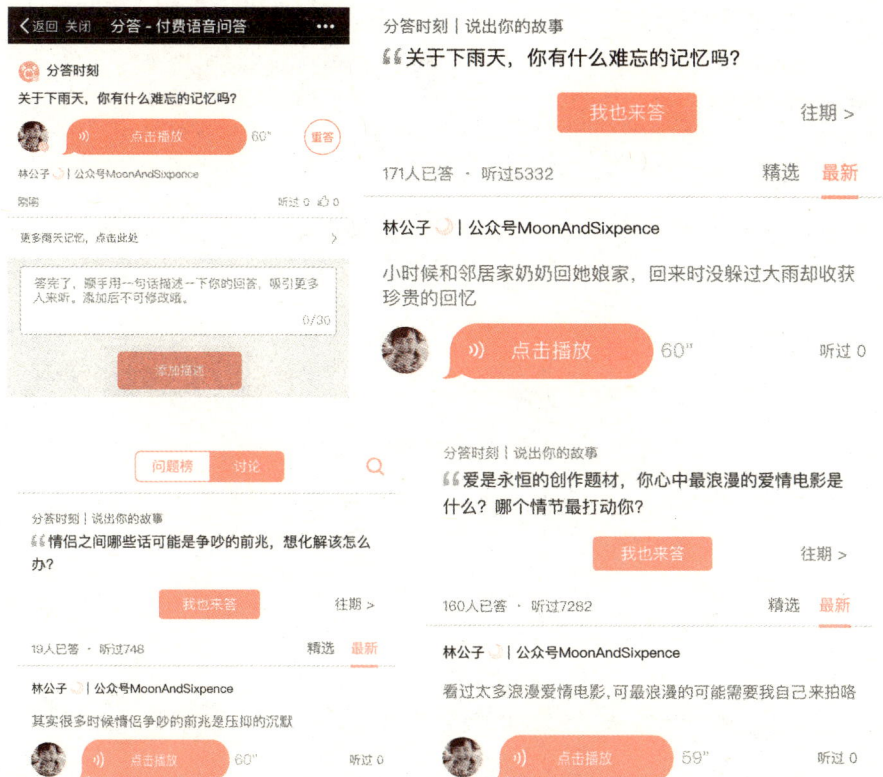

如果你是知名大V，更要积极参加分答的提问。虽然是免费偷听，但是如果你的回复质量高，又不需要收费，问题自然就会扩散到朋友圈被更多人偷听，还可以为你带来大量的提问和收听者。

秋叶老师参与过很多次分答时刻，发现除了回复质量的高低之外，也很重要的是要抢在分答时刻问题刚刚推出时去回答。

"你哪一瞬间深刻觉得：钱真是个好东西？"这个话题等秋叶老师参与时，已经近千人参与了话题，这个时候秋叶老师的回答就很容易被湮没，失去了宝贵的免费曝光的黄金时间。

分答时刻
什么事情曾让你觉得与长辈或子女间有着深深的代沟？
点击播放   59"
秋叶 | 秋叶PPT创始人，秋夜青语志愿答疑者
5天前   听过506 4

分答时刻
你哪一瞬间深刻觉得：钱真是个好东西？
点击播放   58"
秋叶 | 秋叶PPT创始人，秋夜青语志愿答疑者
5天前   听过24 1

　　重新上线的分答中，讨论的话题将由"分答时刻"自动推送给优质答主的提问列表，鼓励答主参与，提高分答的活跃度。这样，我们也可以更方便地参与到话题的讨论中。

　　除了这些活动，分答还会发起"1元提问行家"等不同的活动，作为答主可以多关注分答相关的策划，这样的活动对个人分答品牌曝光和吸引提问者都是很有好处的。

利用限时免费听的赞赏做广告

　　有些人聪明地发现有的限时免费听语音流量很大，他们就想通过修改昵称，用赞赏的方法显示自己的昵称，花1元钱就可以做广告。

有茶自深山来不一乐乎   ￥66
分手后，多久找新欢才礼貌？可以用金庸里的哪些人物来论证呢？
限时免费听   59"
听过19 13   1天前

六神磊磊 6077人收听
我的主业是读金庸

赞赏

常子冠、赖燕红--招聘优才底薪5100，三创企业陈锡文15820632921，协和张羽 4人赞赏

所以，一度认证用户是不允许修改头衔和介绍的，也许跟这个有关，后来改成了30天内只能修改一次资料。但我们认为这种钻空子的营销方式并不可取，不推荐大家投机取巧，我们认为未来分答也许会对这样的营销型用户采取一定的限制措施。

主动加认证，加V更专业

如果你是微博个人认证用户（微博昵称后带有"橙V"标志），可以直接发微博@分答，提供你的分答个人页面截图，说明申请认证即可。

这样，你的头像右下角也会出现"橙V"标志，并且分答将会根据你的认证申请将你归类到对应的答主频道分区。林公子的分答账户最近刚认证成功，被划分在自媒体类别下。

5.4　强化和优质粉丝互动

虽然分答粉丝运营现在还是一个空白话题，但分答答主有的已经有超过10万的收听者，很多专业方面的答主的粉丝也已经破万。

这种粉丝的增长速度如果在今天的微博和微信中做到也是非常困难的，只能说我们都沾了分答平台上升期的光。

优质答主在运营过程中，会发现自己的分答会有一批忠实的提问粉丝，他们遇到问题会经常通过分答提问。

那么，在现有的分答功能内如何给这样的忠实粉丝送上一点福利呢？

我们提出四个建议：

每日更新答主首页置顶问题

我们建议分答答主每日更新置顶不同提问者的问题，优先置顶精彩的回复，也可以把频繁提问的答主问题置顶，让他们早点收回成本，小小开心一下，也是我们能做到的事情。

主动扩散优质粉丝提问到自己的朋友圈

只要自己觉得回复质量还不错，我就经常把优质粉丝的提问扩散到自己的朋友圈。虽然大部分会是免费偷听，但当粉丝看到自己的提问被很多人偷听，也是蛮有成就感的，也间接知道了自己的提问得到了答主的认可，被转发到朋友圈也是很开心的事情。

在微信文章里引用优质粉丝提问

正如我们前面推广分答的章节建议的，我们可以主动在微信公众号文章，包括其他分享平台的文章里用粉丝的提问作为素材写入文章，或者干脆写长文回复粉丝的问题，并点名感谢提问的粉丝，这也是让粉丝感觉到非常有成就感的事情。

如果提问的粉丝和答主在一个微信群，或者互相是微信好友，我们还可以在微信群里扩散并表扬他的提问，让他更有成就感。

主动提问优质粉丝增强他们的成就感

其实每一个答主也可以是提问者，所以我们答主也可以主动提问或者经常提问自己的粉丝，给他们一个惊喜。

秋叶老师这一招其实是和萧秋水老师学习的，于是主动提问了三个积极向自己提问的小伙伴。提问的钱不多，但是作为答主感谢他们的诚意，小伙伴们应该是感受到了。

王立登　　　　　　　¥6.66　已回答

立登，你在分答提问大V总的体验是什么？你给他
们风格怎样的评价？

1个月前　　　　　　偷偷听 15　分成收入 ¥7.5

苹果　　　　　　　　¥2.22　已回答

苹果，谢谢你的提问两次上首页，是有什么技巧
吗？加我私聊吧。

1个月前　　　　　　偷偷听 7　分成收入 ¥3.5

晨曦　　　　　　　　¥59.99　已回答

晨曦，我注意到你向我提了很多问题，你觉得我的
回复哪里值得改进？相比其他答主我合格吗？

1个月前　　　　　　偷偷听 14　分成收入 ¥7

5.5　如何和优质答主互动

作为普通人，我们除了在分答上向各路明星、名人、大咖、牛人付费提问，听听对方给你的回复之外，还有什么机会能和他们产生更多的互动，让他们注意到你而产生更多的可能性呢？

这里将为大家集中剧透如何利用分答的提问和追问功能玩儿出花样，供大家参考。

合适时机提出请求

林公子曾问过秋叶大叔一个问题，秋大坦诚作答后，林公子"厚着脸皮"请秋叶大叔也回问她一个问题。

结果秋叶爽快同意，立马提问了林公子下面的问题。而这个问题正是很多人感兴趣的，并且这个提问也让林公子有了总结写书的想法，说不定将会变成一个好的实例被分享和传播，因此带来更多的价值。

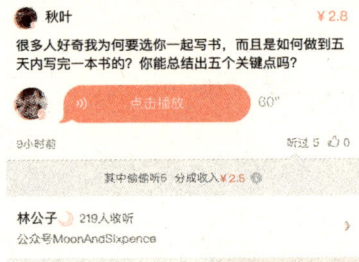

提出自己的困惑

秋叶大叔在他的付费社群"知识型IP训练营"和大家聊天时曾提到，他的公司幻方秋叶PPT里，小伙伴们入职后的第一件事就是买房。所以，林公子向秋叶大叔提问了这个问题，问完之后又利用追问功能，询问了大叔入职其公司所需要的基本技能。如果有人想去幻方工作的话，就会更想把两个问题一起偷听了，所以追问的文案也是对第一个提问内容的丰富和强化。

主动向答主表示关心

林公子有一次在大清早提问鹦鹉史航，很快得到了他的回复，而林公子明显听出他的声音中有疲惫的感觉，所以在追问中就表达了一下关心之情，并没有期待对方回复。可是史航还是回了一个8秒的语音，说："同意！"并且说现在在哪里正打算做什么。

这样的互动次数多了，答主自然会对你产生印象，你也更加了解了答主的个性和性格。对史航的三次提问让我对他"路转粉"（从路人转变为粉丝），史航的回复不仅能引经据典，大家之言信手拈来，而且观点鲜明，个性十足。最关键的是，尽管他学识渊博但他不是书呆子，有趣又好玩，实在是接地气。如果林公子以后每天都向史航老师提问一个好问题，谁说不会成为史航老师的小伙伴呢？

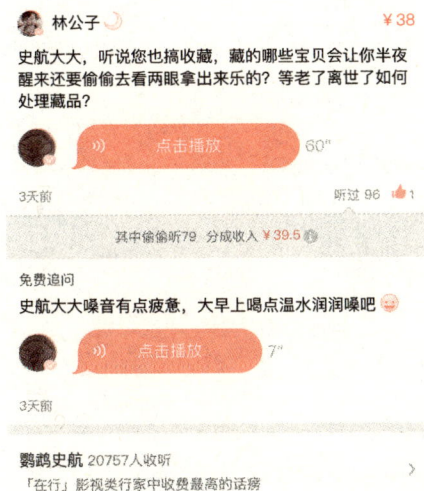

你有更多好玩的做法吗？欢迎与本书作者进行互动，告诉我们你还可以用分答怎么玩儿。

分答

6

"憋大招"四十八天的背后是什么

一上线就火爆朋友圈，仅仅24天就拿到A轮融资，经八十多天"风光"运营又突然遭遇"停摆"48天……分答自从2016年5月上线至今，这一路走得颇为艰难。

9月27日晚，沉寂多日的分答悄然回归，官方只在分答的服务号上发送了一张"小别胜新婚"的图片，宣告自己重新返场。在这48天里，分答官方初始的解释是所谓的系统升级"憋大招"。显然系统升级不需要这么长的时间，但分答并未对这48天的宕机事故做出任何解释。

虽然业界人士和各路媒体早已给出了各种各样的猜测评论，但本书在此不去推测到底是什么原因造成了分答48天的"失踪"，我们更愿意从客观的角度来分析一下分答在"憋大招"前后的变化和发展趋势。

在开始之前，不如我们先来看一下，分答上线这段时间，到底是哪些用户在活跃？

6.1 活跃用户到底是什么人

　　并不是人人都看好分答，在分答刚刚走红时网上就有不同的声音："分答能够迅速走红，与移动直播平台的运作模式完全是一样的，借助明星以及大V的宣传，迅速博取用户的眼球，从而吸引了广泛的社会关注，当然也免不了资本市场的关注。与其说分答是一个知识共享平台，不如说分答是一个网红语音直播平台。听某某明星回答个问题，且不论这个问题的专业性有多高，能够帮助提问者解决多大的困惑，仅仅只是一句简单的回答，就收费数千元。如果从知识的角度来看，这个回答真的值那么多钱吗？甚至可以说这种回答几乎没有多大的营养价值，它所依托的还是名人效应。"

　　这段话有道理吗，分答保持活跃到底是名人效应，还是有更内在的驱动力？我搜集了分答的第一批活跃用户在两个月来的运营情况，用真实的数据分析分答的人气到底是依赖哪一类用户，真的是网红吗？

　　在分答上线的第一周，我们第一次统计了截至2016年5月24日分答才华榜前57名（才华榜共有三页，每页20名，有三个是广告位）答主的具体数据，包括回答问题的数目、总收入、收听人数（粉丝数目）、当前收费、单条回复收入平均值、被偷听次数最高的问题及其偷听数量。

追踪两个月来这些玩家的数据情况，在一定程度上也反映了分答发展的特点和趋势。

42天后，即7月5日，我们第二次搜集这57位答主的最新分答数据。这次我们还搜集了包括答主当前收费和收费变化情况、最新回复时间、回复频率等信息。

5月24日分答才华榜排名是按照答主的收入高低来排名的，这57人的排名，也就是截至5月24日在分答上挣钱最多的前57名。他们到底是哪些人？在42天后的表现又如何？

5月24日排名	7月5日排名及行业	趋势	5月24日排名	7月5日排名及行业	趋势
1.鹦鹉史航	3（文体娱乐）	↓	30.性感玉米	27（文体娱乐）	↑
2.不加V	2（情感心理）	–	31.于莺	5（医疗健康）	↑
3.协和张羽	1（医疗健康）	↑	32.巫建华	44（职场）	↓
4.某顺	9（情感心理）	↓	33.阿神JasonNg	42（职场）	↓
5.许岑	11（职场）	↓	34.冉云飞	41（文体娱乐）	↓
6.周亚辉	24（职场）	↓	35.一毛不拔大师	37（文体娱乐）	↓
7.科学家种太阳	10（职场）	↓	36.杨璐（Ella）	52（情感心理）	↓
8.女王C-cup	7（教育科普）	↑	37.成都下水道	8（医疗健康）	↑
9.东东枪	15（文体娱乐）	↓	38.罩爸	28（医疗健康）	↑
10.陈默	12（职场）	↓	39.鞠健夫	30（文体娱乐）	↑
11.邱晨	26（文体娱乐）	↓	40.阑夕	43（职场）	↓
12.好火药	17（情感心理）	↓	41.妇产科医生王玉玲	21（医疗健康）	↑
13.协和老万	6（医疗健康）	↑	42.喻舟	49（文体娱乐）	↓
14.杨毅	13（文体娱乐）	↑	43.土家野夫	51（文体娱乐）	↓
15.Miuuuuuuuuuu	33（文体娱乐）	↓	44.丁艽	56（职场）	↓
16.程青松	35（文体娱乐）	↓	45.姚笛	39（教育科普）	↑
17.黄执中	19（教育科普）	↓	46.火柴	46（情感心理）	–
18.李淼	23（教育科普）	↓	47.顾中一	18（医疗健康）	↑
19.恶喵的奶爸	25（职场）	↓	48.高晓攀	55（文体娱乐）	↓
20.王小山	32（文体娱乐）	↓	49.徐奇屾	53（教育科普）	↓
21.房昕	40（医疗健康）	↓	50.汪峰	4（文体娱乐）	↑
22.徐江	20（文体娱乐）	↑	51.天才小熊猫	57（文体娱乐）	↓
23.蒋方舟	47（文体娱乐）	↓	52.六神磊磊	31（文体娱乐）	↑
24.曹雪敏	16（情感心理）	↑	53.李诞	50（文体娱乐）	↑
25.萧秋水	14（职场）	↑	54.Dr魏	38（教育科普）	↑
26.范湉湉	48（文体娱乐）	↓	55.萝贝贝	45（文体娱乐）	↑
27.姬十三	29（教育科普）	↓	56.秋叶	22（职场）	↑

5月24日排名	7月5日排名及行业	趋势	5月24日排名	7月5日排名及行业	趋势
28.张泉灵	36（文体娱乐）	↓	57.王潇	54（职场）	↑
29.马薇薇	34（文体娱乐）	↓			

注：深色箭头指名次上升超过10位的答主及其对应的行业；浅色箭头指名次下降超过10位的答主及其对应的行业。

很多人说分答是由网红和八卦账户捧出来的，只看第一批分答才华榜答主不无道理。我们可以看到，在5月24日，才华榜上排名靠前的很多人都是话题人物、多面玩家、小有名气的媒体人物，像鹦鹉史航、不加V、许岑、女王C-cup、东东枪、陈默、邱晨、黄执中、恶喵的奶爸、蒋方舟、范湉湉、张泉灵、马薇薇等。

但对照7月5日的答主排名，我们就会发现排名的变化非常大。我们原本以为在分答上知名度最高的那批明星、名人、大V、网红等，比如蒋方舟、马薇薇、范湉湉、土家野夫、天才小熊猫等人，尽管知名度高、粉丝众多，但是这些人并不是分答上的主流力量，他们的排名明显在下降。

分类之后，能更加明显地看出，医疗健康类答主是最适合分答平台的人群，他们的排名上升非常快，并且已经占据才华榜前列。心理健康和情感咨询方面的答主也处于上升态势。

职场技能类的答主也在快速占据主流力量。职场分类下的答主一共11人，科学家种太阳、许岑、陈默、萧秋水、秋叶、恶喵的奶爸和丁芫7人主要是职场技能和职场加薪升职路径的提问，其他4人是投资人和公司创始人。这一类答主凭借自己职场的经验和专业的技能，在分答上越来越受欢迎。

有人担心分答会像微博一样成为娱乐明星和草根大号的舞台，**数据看到这里，我想大家已经有了结论——分答要想保持长久和优良的生命力，靠的必须是专业人士，而不是明星红人。**

"王思聪们的隐私"不能让这个"知识付费平台"走多远，但是，专业人士靠自己的知识和技能，却可以让分答更健康地成长。

如果对这些答主做进一步的追踪分析，依据其两个月来的分答回复频率和运营状况，我们可以把这57人分成四类。

第一类：高度活跃——每天都有若干个分答新回复

高度

活跃这里是指在分答上每一天都有新的回复，新的动态，少的每天可能回复两三条，多的每天可以回复二三十条不等。这一类高活跃度答主常见于医疗健康、情感心理和职场等领域。比如协和张羽、不加V、女王C-cup、成都下水道、许岑、陈默、杨毅、萧秋水、东东枪、曹雪敏、好火药、顾中一、徐江、妇产科医生王玉玲、秋叶等。

比如排名第二的不加V和第三名鹦鹉史航每天的回复频率非常高，每天回答10～20个提问。相对来说，不加V每天回答的问题更多一点。

第四名于莺和第五名协和老万这两位答主的策略非常相似，不仅体现在高频率的每日回复，也体现在低开高走的定价策略上。和协和张羽相似，这两位的定价也在一路攀升，可是每天仍旧有不少新提问。

第二类：活跃——不一定每天都有新回答，但一直都在使用分答

这一类人一直都在使用分答，活跃度比较稳定，但不一定会每天更新回答，有时隔几天会有回复。排名第十的科学家种太阳算一个，一直在玩儿分

答，但不是每天都会回复；如果回复，当天会回复一条或多条。

排名第十九的黄执中也算一个，他的回复频率较低，不是每天都有新回复，而且每天回复的数量少——多的时候三五道，少的时候一天一道，很多时候接连三五天都没有回复。

邱晨、姬十三、房昕、冉云飞、李诞也是这一类。邱晨的排名是第二十六，回答了11个问题；姬十三排名第二十九，一共回复了43个问题。

第三类：淡出——近两周很少有新回答，并呈现越来越少的趋势

汪峰，最近的一次回答时间是在7天前。近一个月总共只有5条回复，其中1条是分答官方组织的"生命分答"，也就是说只有4条提问回复。汪峰其实是个特例，他的排名之所以能这么高，很大一部分原因是他的高收费——2929元，是57名答主中唯一超过分答提问价格上限500元的。

某顺排名第九，但她使用分答的频率开始下降且越来越低，平均两三天才一条。而在20天以前，她每天都有很多条回复。

周亚辉排名第二十四，他最新的回复时间是4天前。而在4天前周亚辉回复的三个问题，其中两个是姬十三花了100元问周亚辉的，显然是人情问答。他上一次的回复是19天前，上一次之前的回复是26天前，活跃度在快速下降。要知道，周亚辉是分答的投资方，肯定要使用、体验和顺便推广分答。

从30名开外，很多答主都处于这种状态。六神磊磊，前期比较活跃，近一周时间只回复了5个问题，不是每天都会回复；王小山，近一个月活跃度非常低，5天前和11天前各回复一个问题，其他问题的回复时间均在一个月前。也就是说一个月前非常活跃，而近一个月基本淡出了分答。

Miuuuuuuuuuuu，近三周来只有11条回复，三周前活跃度很高。

程青松，活跃度不是很高，近一周来偶尔有回复，但一般一天只有一条。

张泉灵，近一个月只有两条回复，一条在29天前；另一条在16天前，是分答组织的"生命分答"活动。

一毛不拔大师，近三周来只有一条回复，在17天前。而在26天前，也可以说一个月前，他的活跃度还不错。

萝贝贝，近一个月回复了9条，近两周只回复了一条，时间是在7天前。

田颖（火柴），近三周只有6条回复。一个月前比较活跃，近一周没有回答问题。

姚笛、阿禅 Jason Ng、喻舟、土家野夫、小黄鸟（徐奇岫）、丁芃等人也是这个类似的节奏。

有意思的是，这些活跃度在下降的答主，基本上是名人、网红、投资人或创始人。

第四类：僵尸化——近一个月在分答上毫无动静

马薇薇，排名第三十四。近一个月的活跃度非常低，近10天没有一条回复。

Dr魏，排名第三十八。最新的回复是一个月前，近一个月没有一条回复。

阑夕，排名第四十三。最近26天没一点儿动静，之前很活跃。

杨璐（Ella），排名第五十二。近一个月只有一条回复，在5天前，其他回复全部在一个月前。

蒋方舟、范湉湉、王潇、高晓攀这些人都是近一个月在分答上完全没有动静，基本上已经淡出了分答。

经过对每个答主近两个月来的数据跟踪，笔者详细考察了每一位答主在分答上的活跃情况，数据的分析和结论竟然出乎意料：分答并不是像我们想象的那样是网红、明星、大V、段子手的天下，而更像是适合专业人士的舞台。

当然在分答运营推广初期，的确是网红、明星、大V、段子手的加入为分答带来了传播话题和影响力。而且在一开始，更多网友因为好奇更多的是向明星、大V提问，但是很快发现真正愿意坚持在分答上答疑的不是网红账户，而是专业账户。

在分答宕机48天后，回归的分答更加注意对专业账户的推荐。2016年11月，分答平台把新答主分为健康、职场、科普三大类，推荐答主也明显强化了对专业答主的推广，说明分答借助明星人物做推广，但重点还是专注服务于专业人士。

6.2　为什么是专业人士而不是明星更适合

　　或许，分答并不是像你想的那样，是明星、网红、大V的天下。事实上，分答是笔者见到唯一可以火爆二个月后有极少营销账户卡位的平台，即便是段子手，也是有真材实料的答疑能力才会入驻分答。

　　为什么说拥有专业技能的人会在分答更受欢迎，而娱乐明星、网红等在分答上却并不见得会火？

分答对明星的最大价值是一种姿势

　　我们想想分答给明星带来了什么？

　　收入？

　　虽说像王思聪、汪峰、章子怡等人用60秒甚至不到60秒的时间就挣到了几千元钱，但这点儿收入名人完全不会放在眼里。

　　范冰冰2015年出场费高达每分钟6万元，章子怡一场活动的出场费高达110万。再说王思聪，王思聪的投资回报都是以亿为单位计算的，分答这点小钱名人根本不会看在眼里。

影响力？

很多人说王思聪借分答这个产品做了一场个人品牌推广，可是作为国民老公，又有几个互联网网民不知道他？他的名气大到根本不需要用分答来曝光，不如说他是来给分答捧场还差不多，果然王思聪快速完成对分答投资后就继续玩儿自己的生意去了。

我们认为对于这些明星网红来说，入驻分答只是提供给他们一个良好的与粉丝互动的平台。

以往粉丝看到的明星，要么是舞台闪光灯和屏幕下的，要么是通过文字和图片形式接触到的。前者我们可以看到真人，却无法互动；后者可以和我们互动，却无法提供真实感。即使你在微博和你的偶像互动，你能确保他是真实的自我表达而不是经过助理加工后的设定形象吗？

明星网红入驻分答，更大的动机是要展示自己紧跟互联网发展的潮流的姿态。分答作为一个创新型互联网产品，知识付费时代的开启者，加入甚至助力分答的发展，对明星来讲，也是一种展示自己时尚的方式。

为什么明星们在分答上并不能持续保持活跃度

除了前面所说的，分答既不能给这些人带来收入的有效增加也不能扩大影响力，我们认为一个更重要的原因是分答作为一个可以偷听的公开平台，明星60秒语音回复的内容如果有所闪失，带来的潜在危害是很大的。

曾经有一位明星说过："明星这种职业，就是每个人都在努力演好叫这个名字的人。"在大众面前，即使他们不是虚假的，他们也不完全是真实的。况且，明星作为公众人物，在公共场合的发言大都是经过事先设计或至少被指导修正过的。而在分答这样一个60秒的问答平台，明星很难马上找到自己的经纪人，将自己所要回复的语音内容告知对方，经过审核后再发布出来。

而人人都有一颗八卦的心，明星们的隐私更是备受关注。现在这个互联网时代，人们八卦的尺度已经越来越大。为了赚取明星回复的红利，提问者的问题也越来越尖锐，更多的是和明星隐私有关的问题。

提问者不但会问是不是谁和谁在闹绯闻、谁和谁关系不和，连谁和谁睡过也似乎是可以被公开讨论的话题。

提问者不但会问你喜欢什么动物，喜欢什么美食，连你喜欢什么做爱姿势也成了被问得最多的话题。

提问者不但要明星评价一下自己的优缺点，最好还要说说自己的择偶标准。不仅要对自己的粉丝们说点儿什么，最好也说说对某某明星的看法、对某某艺人的评价，等等。

举个例子，有网友问女编剧柏邦妮："听说你和柯震东上过床，他功夫怎么样，满足你了吗？"柏邦妮随后大方回应，承认睡了柯震东，还爆料其"肉体鲜美，但技巧还算是那样"，顿时在网上掀起一阵热烈讨论。

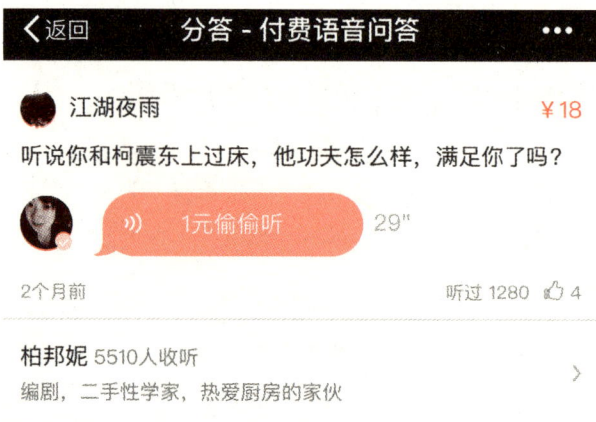

还有人问央视主持人文静这样的问题，文静在6月21日发微博称："问这样下流的问题无非是想通过偷听收钱。我要是在回答里批评你，你的目的仍然能

达到，所以我在这儿通知你一声，以后别在公众场合裸奔！"

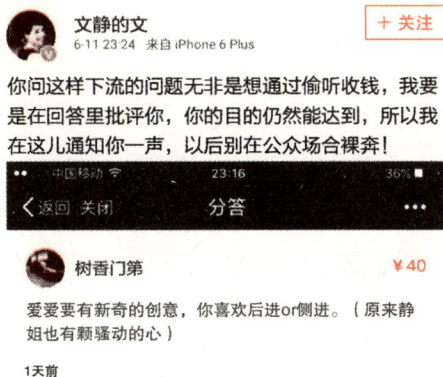

柏邦妮大方作答，后被网友讨论，有人说她得了便宜还卖乖，有人声讨她玷污自己的男神；文静严肃作答，但仍旧被人挑刺——"提到性就是'下流'了？那你还不是照样做下流的事？"

所以，当明星被问到这些问题，答还是不答，应该怎么回答，这都是问题。

即使是不那么窥视隐私的问题，比如让你评价一下某女星或说一下你对某热点事件——比如赵薇事件的看法。我想明星一定是有话可说的，但他想要怎么说和他应该怎么说可能完全是两码事。或许他随便吐露的观点，就是网络上的下一个热点事件。

如果明星选择回复提问者的问题，那么作为明星，你的任何言行都有可能被媒体大众拿去断章取义地解读。这种解读是否你希望看到的？我想大部分时候答案是否定的。

因为说错话的潜在代价非常高，作为公众人物的明星们，反而很少在分答上回复问题。作为最需要注意个人形象尤其是个人隐私的一批人，名人们不能不小心。

网红也很难成为分答的主流力量

不提明星，那网红能成为分答的主流力量吗？——我们认为也很难。

让我们先来看一下什么是网红——"网络红人"是指在现实或者网络生活中因为某个事件或者某种行为而被网民关注从而走红的人。他们的走红皆因为自身的某种特质在网络作用下被放大，与网民的审美、娱乐、刺激、偷窥、臆想以及看客等心理相契合，有意或无意间受到网络世界的追捧，成为"网络红人"。

网红大都是普通人，因为自身具有某些网络大众乐于传播的特质而爆红。他们很少有持续产出的能力，更像是一个话题个案的存在。

在大众消费了他们的八卦之后，满足了娱乐刺激或者窥视臆想之后，当另一个网络话题出现时，人们便会转移到下一个网络红人。

除此之外，靠爆炸性事件或颜值走红的网红大多不具备专业价值输出的能力，只是满足人们的好奇心和窥私欲。一旦大家消费完好奇心，发现向网红提问并不能真正为自己带来价值时，大众也就不会持续向其付费提问。

我们认为作为具有知识服务基因的分答平台，本身就是一个对一个人有无持续专业输出能力的筛选漏斗。如果一个人并不具备这种能力，又无法长期保持个人话题的热度，就很容易被提问者遗忘。

其实这不仅仅是对网红，对所有的答主都一样，只不过对缺乏专业积累的网红群体，这种趋势会更明显一些。

但对于有持续专业输出能力的网红，情况又大不一样了。分答答主不加V，微博名不加V，活跃于新浪微博，喜欢晒自己的个人生活，同时也帮助粉丝们答疑情感问题，现在在分答的头衔是"作家，情感咨询师"。

　　她在分答上的总收入已经遥遥领先，回答问题也非常多，还真是高产答主呢。要知道不加V其实是中山大学哲学系毕业，工作后阅人无数，写过多年情感专栏，在微博上也积累了丰富的情感答疑经验，这样的网红要认真起来的确能秒杀一般的网红和专业答主。

专业答主有能力在一分钟内产出高质量的回复

　　也有人质疑答主在一分钟内能产生高质量的回复吗？——我们承认在一分钟内说清楚一件事本身就是一件困难的事情，特别是在大量用户提问水平相对粗糙的情况下。比如你很难在一分钟内对很多提诸如"我应该如何学习才能通过PPT赚钱"这类问题的人提供高质量的回复。

但反过来看，什么领域会更容易提出相对好的问题？

在分答设计的60个字提问空间里面，我想情感类提问、病患类提问是比较容易脱颖而出的。因为这一类问题最容易具体化，而这类提问人群的问题扩散度也最强。

我们断言未来在分答上最火的专业答主，不是医疗专家就是情感专家，然后才是职场技能专家。

专业人士往往都有自己的微博、微信或者博客，一旦他们尝试把内容写作和分答提问引导结合在一起，诱发提问的概率会大大增加，并形成一个在内容打赏机制之外的新的收入来源。

对于明星网红而言，分答的收入可能不值一提。但对于专业人士而言，利用碎片时间获得碎片化收入，恰恰是让自己能够成为自由工作者的一种有机收入保障。

既然是知识服务，当然要把舞台留给知识工作者。

这一点姬十三也有深刻的认识，他在被采访中说道："第一周的分答是可以引爆朋友圈的一个游戏性产品，很难是刚需性产品，之后迅速补充了热点内容向刚需层面拉，比如医生、法律、心理答主进来，在行、果壳积累的各个垂类的价值进来，再加上大量市场的投入，一轮轮补充弹药，包括团队也是被大家信任的。"

看来，分答团队早就意识到明星带来的高峰肯定会过去，分答要回到专业服务层面，提供真实的价值感，这才是分答未来运营的最大考验。

6.3 "憋大招"归来后的变化

　　分答爆红后，很多人质疑其依赖明星光环、消费名人网红的模式并不是知识经济，离共享知识也越来越远；分答上的提问者常常通过八卦、隐私等问题来吸引其他用户"偷听"付费。长此以往，分答只会成为口水八卦之地，根本谈不上知识社区。

　　但经过前两节的分析，想必你应该也认识到：尽管分答是因为明星和网红的粉丝效应而迅速走红的，但实质上分答和在行以及果壳是一样的，希望用知识为大家服务而不是其他。分答创始人姬十三也曾在首场发布会上表示："明星、大V退潮后，分答会花大力气去打造各个领域的专业答主，让这里面更有专业的服务真实地呈现出来。"

　　显然，重新回归的分答希望更加聚焦专业化知识问答的定位，减少明星、网红答主和"八卦"问题的数量。所以，这次分答的一些变化也是可以预见的。

"找人"板块的分类减少

　　重新上线后的分答变化很明显。首先在栏目上，菜单中删除了之前大量的分类板块，只保留了三个类目，分别是职场、健康和科普。在接下来的发展中，三个分类会填充子分类，比如美容会进入健康类。分答的首页展示也已变成一些行业内的专家学者，如社会学家、天文学家、金融总裁、心理咨询师等，在显眼位置得到充分推荐。

特别值得注意的是，分答会显示答主的回答概率，方便网友找到愿意回复问题的答主。在分答推出的健康专业版悬赏中，分答承诺答主100%专业医生，100%包解答。

打通与"在行"的连接

除了栏目内容上的变化，分答还推出了"行家答主支持线下一对一约见"的功能。60秒的语音时间设置，不利于进行深度的专业知识解答，分答与在行的绑定，可以满足用户更深度的个性化需求。两者互补，互相促进用户的使用习惯，有利于发展忠实的用户，也有助于行家积极运营分答回复的质量，很可能就为你带来在行约见的机会。

新增"快问"及文字回复的功能

分答在问答基础上推出了"悬赏"板块，提问者可以提出困惑的问题，发布赏金，让网友回答，他选择把赏金分给指定人数的优质答主。悬赏的问题答主可以选择一分钟的语音回复，也可以选择文字回复。一条文字答案的字数限制在300字以内，其实人的正常语速大概每分钟300字。

2017年2月，分答"悬赏"功能经过一段时间运营后，强化成了"快问"频道。分答首页也因此做了调整，在底部导航条专门提供了"快问"图标导航。

快问模式在悬赏提问基础上做的更进一步的调整是只允许专业人士回答专业问题，这就避免了非专业人士为了赏金胡乱回答问题，增加提问者的筛选成本。

另外，快问收敛了提问方向，截止到2017年2月只开放了健康、情感、法律、育儿四个频道，也避免了某些机构借助悬赏功能，高额悬赏征集答案，其实是变向为自己的产品做推广的行为。

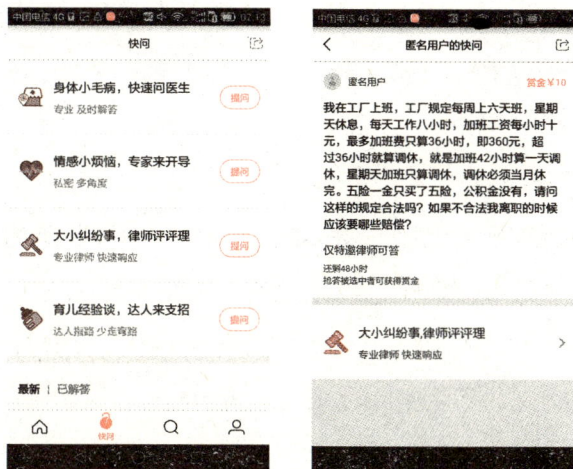

提问可以添加图片

分答更新后，目前向科普、健康领域的答主提问，不仅可以文字描述，还可以附加3张图片。比如当你看到漂亮的花、古怪的鱼等，却叫不出名字，可以直接拍照提问。

私密提问字数增加

分答的提问过去只能是60个字以内的问题，最新版的分答允许最多150个字的私密提问。你可以更加详细地描述自己的问题，从而得到更有针对性的解决方案。私密提问不会被除答主和你之外的其他人看到，当然也没有偷听收入。

回答30分钟内免费听

新功能"新鲜出炉"的答案30分钟免费听对所有答主默认开通，答主可以自行在个人页面设置中关闭。开启了这一功能的答主，只要回答问题，答案在回答后30分钟内将限时免费。所以，建议大家对自己感兴趣的答主可以点击"订阅"，这样当对方新回答了问题时，你在"收听"列表里就能看到他的最新动态，很可能可以享受免费听的福利。

新用户赠送分币

分答赠送100分币给新注册分答ios版的用户，分币可以直接用于问题的偷听。而在分答2016年10月12日"全场免费听"的活动中，更是给所有登录的用户赠送1000分币。分币的偷听既能让用户迅速了解专家，又能降低用户转化的门槛，听完满意之后，用户接下来收听自然就会付费。

设置分答头条

2016年11月18日分答头条出现在分答首页，这大大强化了对热点话题内容的偷听诱导，培养新老用户偷听的习惯。

比如在首页放置头条话题，免费偷听。这个头条既可以发展成分答广告位，也可以通过巧妙设置的话题引导用户扩散偷听，培养分答的新用户。

分答同样在强化"讨论"分区，会主动推送讨论问题给相关专业答主，引导他们回答问题，然后让希望听到不同人对问题的不同看法的用户讨论。

能一下子听到大量的观点，对于新入驻的专业答主，坚持第一时间去刷话题，做优质回复，也是一个很好的推广渠道。

除了以上列出来的功能，重归的分答还有不少小细节上的改变，相信分答在接下来的发展中也会不断地更新和迭代升级。

算算分答真正的运营时间，"大家对分答的期待值一直很高，可以说是太高了"。分答的运营经理朱晓华认为，回归后用户数量的降低和升高都是正常的现象，作为一款产品来说，它还有更多的成长空间，"我们会制造一轮一轮的惊喜，把用户推上去"。

在果壳的发布会上，分答提出自己会推出新的产品形态，突破一分钟时间的限制。在分答运营过程中，也试水过特定答主超过1分钟的语音回复。

回复时间的改变，意味着分答产品形态会更多元化，因为超过一分钟的回复，对答主而言，需要投入更多的时间，甚至需要先进行备课，才能回复好一个问题。

这就意味着答主利用碎片化时间回复提问者问题的产品逻辑不再成立，那么，答主是否愿意为一个更好的问题花费更多的时间？偷听者是否愿意花费更多的时间去偷听一个长语音？

即使延长分答回复的时间，同时增加答主和提问者的成本，偷听的意愿也未必能够增强。如果答主付出成本高了之后，实际参与人数下降，不仅不能带来超出原先一分钟回复的互动量，还不能带给答主更多的收益，实际上会降低答主回答的积极性。

更何况1元钱偷听一分钟回答的低价策略，也降低了保护原创问答知识产权的难度。和得到App上199元付费内容到处被网络共享和低价传播相比，分答的专业答主几乎没有遇到恶意的抄袭或者网络共享传播。

目前看来，分答推出长语音的对策是分答小讲，但互联网的进化永无止境。

等本书正式出版时，分答肯定会有新的进化。但是我们的判断是，如果分答立足于碎片化时间知识分享的工具和平台，围绕这一点做深做透，分答就会牢牢找到自己的发展核心定位。

分答

7

他们是如何玩转分答的

7.1　访谈之萧秋水（职场）

1. 关于分答

（1）你是怎么知道分答的?

5月15日，我正参与一个徒步活动，是在内蒙古的萨拉乌苏沙漠中徒步。那里信号不好，上网也不方便，中间有一段路休息的时候发现有信号，就连上网看看，发现自己被拉进了一个分答内测群，大家在讨论分答。于是问了一下，花五六分钟完善了信息，然后开始回答问题，就这样知道了分答并开始了分答之旅。

（2）你是什么时间开通的分答?

2016年5月15日。

（3）你会偷听和提问吗?

进行了大量的偷听来了解不同的答主的风格，同时也是基于好奇心和研究的需要。也提过不少问题，同样是基于好奇心和研究的需要。后来由于时间原因，主要以回答问题为主，减少了偷听和提问。

（4）你一开始认为分答有前途吗?

并不确定，不过由于是在行行家，所以对于在行有较深程度的了解。由于研究知识管理，所以对知识变现平台也很有兴趣，之前已经了解过知乎的值乎、大弓等。对于分答，我是怀着好奇心和研究心理进入的，在做了一段时间的了解后，认为是有前途的产品。

2. 你对自己的运营情况打几分

（1）你每天大概会接到多少个提问？问得最多的是哪些问题？

从5月15日到现在，总共回答了1037个问题，也就是说，平均每天回答16个问题。

问得最多的问题是关于自由职业、怎么玩着赚钱、如何管理时间、工作和生活怎么平衡、如何提高读书速度和质量、怎么用好互联网等。

（2）你每天花费多少时间在分答上？是利用什么时间回复？

没有计算过具体时间，因为基本上是利用碎片化的时间来答复，有时候可能是看到一堆问题，然后集中答复一下。

（3）你是怎么定价的？价格有调整吗，为什么想调整？

最开始定价18元一个提问，回答过了500多个提问后，涨价到28元。主要是基于时间原因，另外也是因为进行了大量锻炼后，回答问题的质量有上升，所以感觉可以提价。

3. 对玩转分答你有什么建议

（1）你的分答提问者很多，有什么分答运营技巧可以分享吗？

作为一个和明星、真正的大V们相比仍然草根的人，我的体会是，在分答上提问我的，仍然以我自己的粉丝为主，我在微博、微信公众号等平台上做了大量推广引流，吸引了不少粉丝来提问。回答过后，也在自己的朋友圈内进行推广，这样就会有不少偷听，形成了一个粉丝提问、朋友偷听的模式，同时也会把一些回答做成二维码放在微博和公众号里进行推广。这样，提问和偷听量就比较多，形成一个良好的循环。

（2）你认为怎样在一分钟之内给出最佳的答复？有什么技巧或者说套路吗？

这个很考验逻辑思考能力和表达能力。不过以前在IT行业曾经受过麦肯锡电梯测验的训练，所以并没有难度。在回答的时候，最好结构化，列出重要的几点，让提问者和偷听者能够把握。另外尽量言简意赅、不说废话。如果自己感觉不满意，会重录一遍甚至几遍，录完以后听一遍回放然后才发送，这也是对提问者和偷听者负责。

（3）你会如何选择提问的问题？有没有你不想回答的问题？

大部分提问我都会回答，有些提问也会启发我思考。有些提问一看就很不礼貌，涉及隐私等，这种我不愿意回答。

（4）对于积极提问的粉丝你有什么特别待遇吗？

我不仅会在分答主页进行置顶，还会在朋友圈、微博、微信公众号中进行宣传。在回答提问时经常也会发现熟悉的ID，对于他们就更会给出照顾。

（5）在运营分答的过程中，有没有什么比较特别或者难忘的经历？

记得有人看了我一篇文章后就说一分钟内回答不可能有用，提问者立刻出来替我辩护，说他对回答很满意，而提出异议的人也表示其实并没有偷听就下了结论。我觉得这种提问和回答也形成了与粉丝之间的良好互动，使彼此的关系更加稳固和密切，增强了信任感。

4. 分答运营满60天后，现在你怎么看分答

相比之前，分答的热度在减退，不会每天都会有十几个甚至几十个问题，不过也还是陆续会有问题进来。我也观察了其他人的提问和回答，感觉进入了一种理性发展阶段，这也是好事，会让分答沿着正常的路径前进，而不是大热

之后骤冷。知识问答产品在某种情况下也是刚需，分答的机制设计又非常巧妙，所以我相信分答仍有较长的路可以走。不过我也相信，未来会有类似的或者更优秀的产品出现，知识付费的观念已经深入人心，知识变现的途径将会越来越多，不管是提问者基于解决问题的需要，还是回答者运用知识变现，都是时代带来的可喜改变。

7.2 访谈之秋叶（职场）

1. 关于分答

（1）你是怎么知道分答的?

5月15日，我突然被在行的朋友拉入了一个分答测试群，说有一个好玩儿的新工具，不要外传。我大概一看，就明白了玩儿法，马上开通分答，并向两个群里的并不太熟悉的朋友提问了一个问题。

（2）你是什么时间开通的分答?

2016年5月15日。

（3）你会偷听和提问吗?

我很少偷听那些知名答主的回复，即便是一些很好奇的问题，主要是没有时间偷听。但我会主动偷听我的小伙伴的分答，因为这样可以帮他们赚钱，也可以参与到他们聊天的互动中，大家都开心不是?

另外一个秘密是我老婆开了分答，很多人知道后问她关于我的问题，所以她的分答我都偷听了一下。我很乖，还是很有心机?

但我会经常提问不同的答主，我想通过提问分析不同的答主喜欢回复怎样的问题，怎样的提问可以更好地诱导回答。这也是我的习惯，对一个新东西，要尽快搞清楚里面的游戏规则，一旦搞清楚了，我就会减少投入的时间，只做最有回报的事情。

（4）你一开始认为分答有前途吗？

分答一出来我就意识到这是一个与众不同的产品。它暗合了两个趋势：一是为碎片知识小额赞赏的趋势，想想很多微信文章得到赞赏，这就是一种为碎片化知识进行小额赞赏的行为模式；二是它借助了社交网络传播，这就使得打开率是有一定保证的。

分答真正的创意是借助偷听模式激发了人的好奇心，也提供了利益动机，这就使得分答自发扩散成为一种可能。

我坚定地认为分答为知识工作者指出了未来生存之路的一种可能性。在未来，这种满足碎片化时间知识阅读需求的付费产品会越来越多，专业的且适应网络的知识工作者会越来越有前途，这是我坚信的未来趋势。

分答迎合了这种趋势，分答不会突然大热，但必然是一款有足够美好前途的产品。

2. 你对自己的运营情况打几分

（1）你每天大概会接到多少个提问？问得最多的是哪些问题？

从5月15日到现在（7月18日），总共回答了1253个问题，有3355人收听，平均每天回答20个问题。

问得最多的问题是如何用PPT赚钱，然后是关于如何读书、如何管理时间、如何应对职场等问题，基本上和我个人擅长的领域是一致的。

（2）你每天花费多少时间在分答上？是利用什么时间回复？

我回复问题的模式是秒答，就是看完问题就答，差不多答到50秒开始收，然后到55~59秒结束，一般都是一次答完，不做任何调整。除非遇到干扰，或者觉得背景噪声太大。所以，平均一个提问花费我的时间在一分半左右。如果有10个提问，大概15分钟就处理完了。

我一般选择每天早上起床后，中午吃饭前，下午快下班或晚上睡觉前找一个相对空闲的时间段回复问题。如果凑巧我在等人或者其他闲暇时间，我也会看看有无分答的问题，如果有我就会快速回复。感觉这个碎片时间可以用来赚钱的感觉还是蛮好的。

（3）你是怎么定价的？价格有调整吗，为什么想调整？

我最开始定价10元一个提问，回答过了700多个提问后，涨价到12元。我的定价策略是希望大家觉得向我提问不贵，有很大的机会可以赚回偷听成本，甚至还能盈利。如果定价太低，那么提问的人会非常多，我担心我应付不来；如果定价太高，很多人就舍不得提问了。

所以，我觉得我定价10是蛮合适的，后来涨到12元是想测试一下略微提价是否对提问数量有影响。后来发现并不大，就暂时保留这个价位了。

未来不排除我尝试特价答疑的运营模式。比如我通过微博、微信告知粉丝我今天分答的提问只需要1元，有问必答，大家觉得答得好就扩散，快速扩大我的分答关注人数。等我有空时，我会尝试这个策略的。

3. 对玩转分答你有什么建议

（1）你的分答提问者很多，有什么分答运营技巧可以分享吗？

第一，我评估了自己的分答能力，我觉得我的特点是有大量碎片时间可以耐心回复，但不能指望我能提供非常俏皮的回答。所以我采取了硬桥硬马的回复策略，争取每个问题说够50秒，至少让提问者感觉到我的诚意，有诚意的回答会让很多粉丝反复提问，要谢谢这些粉丝的支持。

第二，我采取有问必答的策略，让很多希望通过分答赚钱的人愿意向我提问，毕竟很多答主忙，没有办法有问必回。我也忙，但我碎片化时间多，凑巧我又常年在网上答疑，回复问题的速度经过极大的考验，所以我回复问题速度很快，不需要太多准备。这一点让我具备利用碎片时间快速回复的可能，也让我可以做到有问必答。

第三，我的定价目前看来是比较合理的，不高不低，不至于很难回本。但要回本有一定挑战，这也客观上帮助我扩散了影响。

第四，我偶尔在微信文章推荐我的分答账户，在我微信菜单里嵌入我的分答账户。如果文章写得好，会带动一批人通过分答提问，这也是有效促进提问的好办法。

最后，我开始尝试在我的图书作者简介处留下我的分答二维码，不过目前图书刚刚出版，我还很难看到具体效果。我想如果未来积累了足够多的好回复，我会在图书每个章节空白页留下一个相关的分答回复的二维码给读者偷听，应该是一个非常好的扩散模式。

（2）你认为怎样在一分钟之内给出最佳的答复？有什么技巧或者说套路吗？

其实关键是套路，我最常用的套路是"我觉得这个问题我可以谈三点，第一、第二、第三"。用这种结构化表达方式，一方面可以让听众觉得你讲话有层次，也可以在回答第一条时快速组织第二条的内容，然后掐着时间把观点表达完。类似的框架还有"首先，然后，最后"等等。

另外一点是我看到问题后要做一个判断，是直接回复他的问题还是跳出他的思维局限去回复问题，这样有助于我建立一个快速回复策略的大方向，会大大加速我的回复速度。

（3）你会如何选择提问的问题？有没有你不想回答的问题？

我基本上会回答全部的提问，即便是一些明显带着恶意的问题，或者是一些明显诱导你回答一些普通人会好奇的狗血的问题，我也会回答。无非是有些人想调戏我，我就用外交辞令回复他，让他损失一点提问费，给他一个教训。

我不回答的问题最可能的原因是两个：第一，他重复提了同样的问题，我肯定不能让别人花两次钱；第二，他提的问题超出我的能力，比如有人问我高考志愿怎样填，这样的问题我不能随便答，只能拒绝。或者有些问题不适合语音回复，更适合图片或者文字回复的，我也只好拒绝。

（4）对于积极提问的粉丝你有什么特别待遇吗？

第一，我肯定会记住这些粉丝的名字，他们很可能已经是我的个人微信好友或微博关注者，所以我会更多留意这些人。

第二，我有空也可能会反问他们一个问题，让他们开心一下。

第三，我会把他们的提问置顶或者扩散到朋友圈，帮他们赚回成本。

第四，我会邀请他们写分答心得，这本书里面的一些分享就是他们写的。

第五，如果他们问题提得非常好，未来我可能会开一个微信账户，专门围绕分答好提问写文章，顺便晒一下我的语音回复，打通整个运营流程。

（5）在运营分答的过程中，有没有什么比较特别或者难忘的经历？

一开始我运营分答并不太积极，主要是当时真的特别忙，并不希望有太多提问。

后来我稍微轻松一点儿，就开始做一些分答小范围推广，测试反应。当时有两件事情让人很难忘。

第一是我发现我有一个关于催人还钱的提问一下子200多个人偷听，我就很开心，没有想到我的语音这么多人愿意偷听。你们知道，我普通话不好，所以有这么多人偷听我很开心。

第二是我发现我当天的分答"睡"后收入超过了200元，这让我意识到我的碎片时间完全可以更有回报。所以这个事情让我很激动啊，说起钱来我真是个俗人。

4. 分答运营满60天后，现在你怎么看分答

第一，分答团队非常努力。不管是功能，还是运营都在努力追求进步的空间，我也积极参与分答的很多策划活动，希望能尽可能多地赶上分答第一波红利。

第二，我依然认为分答是一个知识工作者利用碎片时间获得回报的好工具平台，而不是社交平台。分答会继续做大影响力，成为很多知识工作者的一个标配，直到有更好的工具平台取代它。

只是很多人还是单一维度运营分答，没有把分答和微信、图书、线下讲座等引流渠道结合起来，一旦有人在这些方面提供了好的实例，会给分答带来更好的口碑推广。

比如我有一个设计，在讲座现场我可以提供我的分答二维码，把价格设置为1元友情价，给现场的观众临时提问。我相信这样提问的人会很多，也会带来大量的扩散，我们需要这样的运营设计，才能充分发挥分答这个工具平台的潜能。

第三，我认为分答在功能方面还有很大的改进空间。比如分答要认真思考当问题变多后，如何让新增粉丝偷听到答主真正优质的回答，这是引导更多提问和分享的一个关键。

第四，我在分答运营上还是不够努力，我们这本书总结了很多人的好玩法，我有空都想去试试。我觉得要是做到每天晚上"睡"后收入破千，还是值得让我这种屌丝出身的男生期待一下的。

7.3 访谈之顾中一（健康）

1. 关于分答

（1）你是怎么知道分答的？

首先，我跟果壳关系一直都很不错。在果壳没有成立之前，就跟他们后来的创始人以及编辑团队的绝大多数人很熟悉，到现在已有六七年的交情。

对于果壳推出的每一个产品，我都会很积极地帮助推广。毕竟中文科学传播这块儿果壳算是典范，果壳有钱赚才能提供更多的科普内容。

所以，在行出来的时候，尽管我一开始就认为自己不适合这种模式，还是积极配合接了很多的单。因此在行的团队推出分答的时候，也第一时间邀请我参加了测试。

（2）你是什么时间开通的分答？

2016年5月16日。

（3）你会偷听和提问吗？

会啊，首先我算是一个比较乐于学习、乐于知识付费的人，这几年买的书早已破千本，平时也都用正版软件。就网上付费咨询而言，我此前也用过很多的平台，觉得这种形式很方便，节省了大量的时间成本和中间渠道的成本，所以在使用分答的时候上手很快。也立刻发现了它相比其他平台突出的优点，比如偷听。我偷听过很多人，包括八卦、投资等，也包括一些医学方面的同行，我会拿自己跟他们进行比较，向他们学习。

（4）你一开始认为分答有前途吗？

果壳的人跟我说他们推出了一个新东西的时候，我并不是很有信心。我当时心里想的是：哦，果壳又出新产品了，给面子用一下吧。但是当我稍微用了一下之后，我就觉得这种平台值得我投入精力，我也立刻向很多人进行了推荐。

2. 你对自己的运营情况打几分

对于我来说，不能仅仅就分答这一个平台的运营情况来评判。首先，我是一个全职在事业单位上班的人，业余时间还经营着自媒体，所有的时间和精力都需要合理地分配，自我充电、锻炼身体、买菜做饭、赚钱、科普、运营……都是我一个人。而良好的运营本身就需要消耗大量的精力，因此我个人其实并没有在分答的运营方面下很多的功夫。我更愿意以分答进入我生活的这段时间，我个人全部生活的经营情况来打分，我觉得可以打八分。如果仅仅是以分答这一个平台上的运营，也就打六分吧，我也就是改了改个人介绍而已。

（1）你每天大概会接到多少个提问？问得最多的是哪些问题？

七八个问题吧，问我的基本都是一些有关饮食营养方面的比较细节的问题。

（2）你每天花费多少时间在分答上？是利用什么时间回复？

问题比较简单的一般是在上下班的路上回复，更多的问题需要查阅资料，那一般就是深夜了。这种问题2~3个的话大约会花1个小时，一般一天回答4~5个问题。

（3）你是怎么定价的？价格有调整吗，为什么想调整？

我除了前两周从1元钱开始提高，后来一直都是50元。

其实我在定价上也犹豫了很久，因为一方面我的时间还是很宝贵的，以我的时间成本来衡量的话，这个价格真的是太低了，有这个时间我写几篇科普文章还可以帮助更多的人，赚稿费也行啊。另一方面我的答案往往是普适性的，也没有什么特别神奇的方法，我自己又不是明星，价格太高我怕提问者觉得不值。我认为现在的这个价格还是比较适中的，既可以通过价格门槛挡住很多无聊的问题，让我的精力聚焦在真正有需要的人上，另外一方面也不是高不可攀，可以让信任我的人多一个与我互动的渠道。

3. 对玩转分答你有什么建议

（1）你的分答提问者很多，有什么分答运营技巧可以分享吗？

首先，我并不觉得提问者多就是好。我在我的分答页面上写了自己的公众号，告诉大家可以采用回复公众号关键词的形式获得我对于几百个具体话题的统一回复。这种方法无疑会减少提问的数量，但我觉得其实运营的核心还是更好地为客户提供服务，尽可能帮助更多的人产生更大的社会价值就是最好的运营。当然提高效率的具体技巧也还是有的，第一个技巧就是尽早地进驻平台。第二就是分答运营要和自己的生活状态相结合，不要被所谓的"碎片化利用时间"打乱自己的生活节奏。说实话我微信都没有开分答的提醒，就只是在自己有空的时候尽量回答一下，提问错过也就错过了。第三还是需要你自己不厌其烦地跟别人推荐分答，让别人了解这个平台。比如我在我的微博、公众号上都专门发文介绍过分答，我在公众号上的每篇文章结尾也会贴出我分答的二维码。

（2）你认为怎样在一分钟之内给出最佳的答复？有什么技巧或者说套路吗？

我在刚开始玩分答的时候还真的去查了一些相关的资料，想学习如何在一分钟之内给出比较好的答复，甚至买了一两本相关的书。这期间我还买了两个麦克风、音频线、防喷罩……就为了提高分答语音质量。然而以上这些其实都没啥用。

好在我日常工作以及以往接受采访的经验也还是非常充分的，其实形式和分答也非常接近。现在健康营养方面的问题，我的套路是先就他的提问给出掷地有声的答案，同时就一些常见的争议，给出基本的分析和论据，最后再给出几条可以落实到行动方面的建议，另外在具体回答前我基本都是会列出一个提纲，避免漏掉重要的信息。

（3）你会如何选择提问的问题？有没有你不想回答的问题？

首先，我会选择一些可能对提问者帮助比较大、比较重要的话题。其次，我会选择一些比较新奇、从前没遇到过的问题，这样比较有挑战性。

我比较不想回答的问题也有很多，比较常见的就是提问者告诉了我她的一些基本情况，让我对她的情况做出指导。但事实上，往往这种提问的信息量并不足以让我给出个体化的营养建议，以往哪怕是远程的营养咨询，我信息采集就需要近半个小时的时间，个体指导上会花费更多的时间，我无法在一分钟之内给出足够科学和全面的指导。

（4）对于积极提问的粉丝你有什么特别待遇吗？

一般来说，我是记不住哪些人积极提问的……不过也确实有几位粉丝在多个付费咨询平台上都找我咨询过问题，甚至有的明明已经有我的个人微信了还在分答上付费提问。我对他们的回报就是，他们的问题我回答前会再去找专家帮我参谋和完善……

（5）在运营分答的过程中，有没有什么比较特别或者难忘的经历？

有两件事情比较有意思。

一个是有一天我很忙，我就把价格提高到了88元，结果第一位提问的人居然是我微博黑名单里的网友。这位网友一直都认为我是骗子，发过很多抨击我的文章，我猜测他的出发点应该是好的，只是因为欠缺医学知识，总把很多事情理解成非黑即白，我微博上发的解释他也不信，我不堪其扰便把他拉黑了。

结果这次他又一次提出质疑，我便照着我之前发的微博上的解释念了一遍，赚了这88元……真希望大家都来分答质疑我。

还有一件事情是经常有很多网友问我明星们是怎么吃的，我也从不同的角度回答过很多次，大多是一些理念和健康饮食要点，结果一位提问者让我不要说什么心态了，直接就说一个从早到晚的营养方案。说实话，我当时觉得有种不被理解的痛苦，不过人家的需求我也得满足，我就在没有进行任何解释的情况下给她念了一份精确到克的一日食谱。

没想到反馈还不错，有一百五十多人偷听，而这位粉丝觉得我给出的食材太多了，又问我能不能靠补品……

4. 分答运营满60天后，现在你怎么看分答？

目前为止分答是一个小而美、有温度的平台，本身互联网就拉近了人与人之间的距离，提高了效率。分答的机制又蕴含市场化、共享知识经济的元素，可以让更多人用他们的知识为社会产生价值，所以虽然我对分答的前景仍抱有谨慎的态度，但我衷心地希望分答能够成功。

7.4 访谈之薛毅然（职场）

1. 关于分答

（1）你是怎么知道分答的？

在微信的朋友圈里看到在行运营小伙伴们转发的分答页面。

（2）你是什么时间开通的分答？

5月15日。截至7月24日已有70天，一共回答了740个问题，总收益24986元，共有5658人收听。

（3）你会偷听和提问吗？

我问过20多个问题，其中有些明星答主"躲开"了我的问题。感兴趣的话题当然会偷偷听，1元偷听太超值了！

（4）你一开始认为分答有前途吗？

一开始我就看好分答的前景。在我看来这是一款有趣的社交游戏，提问者、偷听者和答主三方的互动，既让知识、经验可以用比较轻松的模式流动，也能让不同角色的人彼此产生连接。

2.你对自己的运营情况打几分

8分到9分之间吧。

（1）你每天大概会接到多少个提问？问得最多的是哪些问题？

每天收到的提问量不是很稳定，少的时候三四个，多的时候二三十个。问得最多的问题主要集中在：职业规划如何做？工作三五年之后的职业发展瓶颈期怎么破？要不要做职业转换或者跳槽？如何才能升职加薪以及如何与公司沟通升职加薪？女性职业发展如何做好与结婚生育之间的动态平衡？遇到职场中的棘手问题该怎么办？

（2）你每天花费多少时间在分答上？是利用什么时间回复？

差不多每天会花一个小时的时间，一般都是晚上9点钟。

（3）你是怎么定价的？价格有调整吗，为什么想调整？

我的定价会参照其他答主的定价和提问量的多少进行适度调整，从9.99元涨到29元后又调整到目前的16元。

3. 对玩转分答你有什么建议

（1）你的分答提问者很多，有什么分答运营技巧可以分享吗？

第一，在个人介绍页面要让提问者了解我的背景从而建立信任，我特意突出了在行百单行家的身份，并且对自己比较擅长的话题做了明示；第二，设置了免费追问，让提问者可以和我实现二次互动交流；第三，通过设置好友免费听，将某些共性问题转发至朋友圈，让更多朋友持续关注我的分答；第四，选择自己擅长的问题去回答，并尽其所能认真思考，以确保回答问题的质量。

（2）你认为怎样在一分钟之内给出最佳的答复？有什么技巧或者说套

路吗？

60秒的回答还是很有挑战性的，观点要有建设性，表达要精练，语速要适中。我在回答问题前都会写提纲，每个回答至少要有两到三个"干货点"，同时在语气、语调和语速方面我会比较关注听众的感受，我会选在特定时段、特定地点回答问题，以便减少环境噪声的干扰。而且我之前做过音频自媒体，也在中央人民广播电台的《都市之声》做过直播节目的嘉宾，充分历练了在有限时长内的"精彩呈现"。在回答问题时也要遵循一些基本原则，相互尊重，相互理解，尽心尽力地提供干货。

（3）你会如何选择提问的问题？有没有你不想回答的问题？

原则上我只选择和职场相关的话题，批量八卦提问和我不熟悉领域的提问我会选择拒绝。因为我把"分答"作为我的空间，就要考虑个人品牌管理。互联网时代我们的一言一行、一举一动都会留有痕迹，做什么、不做什么、怎么做，都要认真选择。

（4）对于积极提问的粉丝你有什么特别待遇吗？

这方面我没太多考虑，未来可以考虑一些针对粉丝的特惠活动哦。

（5）在运营分答的过程中，有没有什么比较特别或者难忘的经历？

的确有几件小事让我印象比较深刻。

有一次录音刚说了"我有三方面的建议供你参考"就想咳嗽，赶紧停止录音打算重新录，结果手误点了发送！好在提问者也开通了"分答"，我立刻向她提出一个私密提问，让她加我微信。后来我在微信上回复了她的提问，并且我们还因为这样的小插曲成了好朋友。

还有一次一位提问者本想通过在行约我的远程话题辅导，但那周我开放的四个名额已约满，在行约见就自动关闭了，这位机智的小伙伴通过"分答"向我提出约见请求。

　　免费追问功能也是特别有价值的互动交流方式。一位提问者向我咨询工作机会如何选择，他听过我的回答后抛出一个追问：薛老师，感谢您的回答！您说得对，家里的机会随时都在，目前对我来说最重要的是实现理想！我知道该怎么办了。非常感谢！我想这就是"分答"的价值所在，很多时候小伙伴们面对一些选择机会不知该何去何从，往往都是在选择中去做选择，我能做的就是启发提问者转换视角看到不一样的思维空间，也许有些问题就迎刃而解了！

7.5　访谈之邱晨（名人）

1. 关于分答

（1）你是怎么知道分答的？

史航老师微博洗版。

（2）你是什么时间开通的分答？

看到史航老师洗版之后……

（3）你会偷听和提问吗？

当然。

（4）你一开始认为分答有前途吗？

有，大有前途（钱途）。

2. 你对自己的运营情况打几分

（1）你每天大概会接到多少个提问？问得最多的是哪些问题？

平均30个吧，问"怎么说"的比较多，然后是"怎么办"的。有大量和人生有关的问题，很可惜我并不是一本行走的《人间指南》。

（2）你每天花费多少时间在分答上？是利用什么时间回复？

有时候会忘记，一般是刚起床或睡觉前。这时候我在房间，没有干扰。

（3）你是怎么定价的？价格有调整吗，为什么想调整？

我就定了个22元，希望营造一种"你就问这个？好2"的感觉，但我相信没人Get到这个点。不想定太低是因为筛选成本有点儿大，也不想定更高，希望提问的人能多挣一点。

3. 对玩转分答你有什么建议

（1）你的分答提问者很多，有什么分答运营技巧可以分享吗？

很遗憾，在分答上提问我的人多数已经知道我是谁、我擅长什么，所以目前的状况并非我刻意运营的结果。不过我观察了一些行家，他们的经验可能更适合供大家参考：第一，写清擅长的领域，自我介绍尽量不要含糊其词；第二，时常将你认为不错的问答，通过自己的社交媒体分享出去。

（2）你认为怎样在一分钟之内给出最佳的答复？有什么技巧或者说套路吗？

一分钟就是300字左右，我建议不熟悉临场发言的人写稿，反正也写不了多少。另外，拟定个发言结构，或者是平行的"观点一、观点二、观点三"，或者是"观点、例子、反例"。

（3）你会如何选择提问的问题？有没有你不想回答的问题？

不想回答的问题多了去了。主要是问八卦的，甚至连基本信息都没有调查清楚就来问八卦……是的，有人花22元钱来问我的性取向，我真心觉得百度好亏。我会回答的问题有几种，一种是不仅对提问者个人有帮助，对其他人也可能有用的，比方说关于说话或辩论的典型场景的；还有一种是可以趁机说我想说的话的，比方说澄清一些经典的逻辑错误（包括可以趁机骂人的，呵呵呵）。

（4）对于积极提问的粉丝你有什么特别待遇吗？

没有，大多数情况下我留意不到他们的ID，看来猛刷存在感对我来说是没用的……

（5）在运营分答的过程中，有没有什么比较特别或者难忘的经历？

我们《好好说话》团队和分答有深入的合作，过去我们扮演的是一个回答者，但在分答我们不仅要扮演回答者，很多时候还要扮演提问者。其实问好一个问题真的不容易，要在不冒犯的前提下引起对方注意，还得让大家关心，这个过程我自己也获益良多，当然也累了个半死……

4. 分答运营满60天后，现在你怎么看分答

它没有一开始那么火爆了，但我觉得目前的稳定很好，这才是常态。与其一拥而上，不如各取所需。

7.6 访谈之女王C–cup（情感）

1. 关于分答

（1）你怎么知道分答的？

作为果壳网的老网友，也是熟人，分答这个产品刚上线的时候并没有人告诉我，只是我打开朋友圈，看到果壳人都刷起了分答的各种提问。我的第一反应是，这玩意儿是果壳的新产品吗？第二反应是，你们不带我玩儿？我矜持地观望了一天，想看看有没有人想起我叫我一起玩，结果是：并，没，有。我就暗暗地自己注册了账号，开始玩了。

（2）你是什么时候开通分答的？

是5月16日上午注册的。印象最深的是，第一个提问的是我的一个咨询者，是关于平等主义的亲密关系的。

（3）你会偷听和提问吗？

我会偷听。有的时候偷听是为了吐槽，不过那是刚注册不久，刷分答看到我很讨厌的几个人，我偷听就是为了看看ta怎么骗钱，怎么能定一百甚至几百的价格，然后还给人灌毒药，听了几条后就没听了，比较影响心情。还有的时候偷听是为了学习，比如一些医生，比如张羽医生和下水道医生，他们的领域与性也是相关的，偷听可以学习。会提问自己感兴趣的人，有些是自己的朋友，比如顾中一、徐来，有些是自己有点好奇的人，比如黄执中、马薇薇，不过这两位没有回答我的问题。

（4）你一开始认为分答有前途吗？

我一开始觉得这个地方肯定是用来八卦的，是对答主个人的八卦，可能初期这个现象确实存在。后来就渐渐地发现真心提问的人更多。有些问题还得查资料，也不能张口就来，不过也因此我回答问题可能挺耗费时间的，我听说史航都是张口就能答题，实在是有点儿羡慕。

我慢慢才觉得分答是会有前途的，至少我觉得它提供了一个让普通人和专家沟通的机会，而这个机会不是那么贵，至少我不贵，在北京差不多是一杯咖啡的价格。这个机会不一定可以解决所有人的问题，但肯定有一些人的问题是可以被回答的，比较棘手的、不能通过一分钟解决的，也提供了做咨询的建议，我觉得对医学或者咨询行业，它可以成为一个预先沟通的环节。就从我的领域来看，分答是很有用的一个工具，它是有前途的。

2. 你对自己的运营情况打几分

（1）你每天大概会接到多少个提问？问得最多的是哪些问题？

初期的时候一天可能五六十个吧，现在慢慢稳定，一天几个到十几个。分答上问得最多的是关于性和亲密关系的。

（2）你每天花费多长时间在分答上？是利用什么时间回复？

通常至少要花两个小时。回复要么是睡前的时间，要么是早上起床之后，这两个时间段我大脑最清醒，也是我工作效率最高的时间段，而且这两个时间段一般我也不会安排写作和咨询，和我其他的日常工作不会有冲突。

（3）你是怎么定价的？价格有调整吗？为什么想调整？

定价最开始是5元，一点一点涨，每次涨几元十几元这样，一步步慢慢提到

58元的。

因为问题实在太多了，我的时间也很宝贵，毕竟我这么红，自身的粉丝基数已经很大了，不提高一点儿价格，问题肯定会很多。但是有人问了我又没有答，我就可能会有点焦虑，觉得自己有工作没做完。为了保证我不会因为太多问题没回答而感觉焦虑，稍微提高了一点儿价格，但又不会高到让人望而却步，阻碍了想要得到建议的人。现在每天十来个问题，感觉还在自己能承受的范围内，不会觉得很累、很焦虑，就很长一段时间没有再改价格了。

3. 对玩转分答你有什么建议

（1）你的分答提问者很多，有什么分答运营技巧可以分享吗？

分答答主确实是存在门槛的，它是一种话语权和公信力的再现，本身具有话语权和公信力的人，容易在分答上变得更红。我偶尔会在自己的微博和微信公众号上提一提自己在分答，提得不多，因为自我宣传会让我觉得有点儿不好意思……但就是这样，也还是有一些人知道了，就会在有困惑的时候来分答上向我提问。所以我想，分答上的运营是依托于其他平台的传播和影响的，要有自己的文章，要能够展现自己的实力，这些认可最后能转化为分答上的提问。

（2）你认为怎样在一分钟内给出最佳建议？有什么技巧或者说套路吗？

写下来。我会把答案先写下来，答得多了，慢慢能够知道自己的语速大概多少字数是合适的，是能够被听清，而且听的人梳理逻辑时也不会乱的。在此基础上控制精简答案。很多时候提问者提得很含糊，也许他对自己想问什么还没梳理清楚，但是我做了这么久的咨询，咨询的经验还是对我有帮助的，我会比较擅长去抓对方的要点，我会在开口时就问他，"你想知道的是不是……"。大部分时候，提问者实际上想要获得的是什么样的知识或者建议，我能猜到。

（3）你会如何选择提问的问题？有没有你不想回答的问题？

绝大部分的问题我都会回答，即使是涉及我的隐私，我觉得不太要紧，能够说的也会回答。只要没有十分冒犯我，我还是不会去预设恶意的，我一般会比较积极地去理解一些涉及我的性的问题：他们可能是缺少能够了解女性的渠道，或是没有人可以和他们交流这些话题，做性科普这个工作，就肯定会有很多人非常关注我的性，我会设置好一个边界来保护自己的心理感受。当然，也会有非常冒犯我的问题，有时候我会拒绝，有时候我会捉弄一下对方。比如有人会提问让我叫一分钟床，我就让电子词典朗读了60秒"床"这个字，我觉得他可能再也不想听到"床"这个字了，答完感觉很痛快。

不想答的问题可能会是那种超出我能力的问题。我知道我回答不了的，或者极度违背我价值观的，稍稍违背的那种我可能还可以找到一个角度去回答，极度违背的我会比较难作答。

（4）对于积极提问的粉丝你有什么特别待遇吗？

提问的人实在太多了，我不知道谁特别积极……

（5）在运营分答的过程中，有没有什么比较特别或难忘的经历？

关注我有些日子的粉丝可能都知道，我喜欢唱歌，但是又总跑调。我每次微博上稍微唱一唱，粉丝就纷纷说我放毒、要脱粉、要粉转黑……结果分答上，居然真的有人觉得我唱歌好听，点歌让我唱……世界太奇妙了……

4.分答运营60天后，现在你怎么看分答

我觉得分答是一个有前景的产品。仅从我的领域来说，不论对心理咨询还是医学行业，都有不低的价值。它提供了一个让普通人和专家沟通的机会，而这个机会又不是那么贵，而且它接纳的专业答主越来越多。如果有一些答主你觉得贵，你还可以去找同质的其他答主，这个平台很珍贵，我希望它越来越成功。